城的记忆

CHENG DE JIYI

天津

老城胡同

主编 戴晓泉

撰文 王鹏 戴晓泉

插画 王星

天津出版传媒集团

天津教育出版社

TIANJIN EDUCATION PRESS

图书在版编目(CIP)数据

老城胡同 / 王鹏,戴晓泉撰文. —天津: 天津教育出版社,2017.3
(城的记忆: 天津 / 戴晓泉主编)
ISBN 978-7-5309-8028-6

Ⅰ.①老… Ⅱ.①王…②戴… Ⅲ.①胡同—史料—天津 Ⅳ.①K292.1

中国版本图书馆 CIP 数据核字(2017)第 054469 号

城的记忆 天津 CHENG DE JIYI TIANJIN
老城胡同 LAOCHENG HUTONG

出版人	刘志刚
主编	戴晓泉
撰文	王鹏 戴晓泉
插画	王星
选题策划	袁颖 王艳超
责任编辑	曾萱
装帧设计	郭亚非
出版发行	天津出版传媒集团 天津教育出版社 天津市和平区西康路 35 号 邮政编码 300051 http://www.tjeph.com.cn
经销	新华书店
印刷	天津金彩美术印刷有限公司
版次	2017 年 3 月第 1 版
印次	2017 年 3 月第 1 次印刷
规格	16 开(787×1092 毫米)
字数	180 千字
印张	15.25
插页	2
定价	45.00 元

序　言

明成祖朱棣于永乐二年(1404 年)在天津建卫,十一月“命工部尚书黄福、平江伯陈瑄、都指挥佥事凌云、指挥同知黄纲筑城浚池”,这是天津筑城之始。

到光绪廿六年(1900 年),八国联军入侵,侵略者以废除中国防卫能力为由,悍然下令拆除天津城墙,结束了天津筑城防御的历史。

新中国成立后,国家经济得到极大发展,天津市区高楼林立,街道宽阔,城市面貌全然现代化。但是老城厢经过地震灾害,年久失修,相形之下,里巷街道逼仄,通行不便;加之人口繁衍,住房拥挤,私人搭盖,形成众多大杂院;环境卫生很差,危房处处可见,已不适合居住。在党和政府的领导下,结合危房改造,于 2003 年进行房地产开发,正式全面拆除旧城厢,至此昔日老城厢不复存在,仅剩下“老城”这一旧称仍然留存在人们的记忆里。若干年后,人们对老城的印象日渐模糊,许多有价值的史实世事也将随着时间的推移逐渐消逝。

天津老城厢的居民眷恋故土,对居住过的胡同里巷有着深厚的怀旧情愫。他们唯恐老城厢里的事物被忘怀,希望有人能够把它记录下来,传诸后世。一些青年人对其先辈所居住过的老城厢毫无所知,对既往感到陌生又充满好奇,仅能从别人的口述中获取零金碎玉的资讯,甚至讹传,难得全貌。于是有那么一些热心人聚集起来,勇挑重担,撰写了这套书。

全套书图文并茂，分为《老城故里》《老城胡同》《老城生活》《老城逸事》四册，近七十万字，记载了天津老城几百年的历史沧桑。

《老城故里》对天津城内外的官署衙门和学校教育的历史进行了详细梳理与整合，条分缕析，考订源流变迁，溯其原委，穷其究竟，不仅系统真实，而且充分展现了旧城的今昔全貌，可以帮助读者系统全面地了解天津老城厢的过去。其中撰写有聚通恒杨家大院的情况，全面地介绍了津郡著名文人杨一昆的家庭及其后裔的事迹；有津门四大著名书法家之中的孟广慧和高台阶华家华世奎，以及誉满津门的严修、赵元礼等等；此外对姚家大院、乡祠卞家、冰窖胡同李家、益照临张家（海张五）等名门望族都有详细介绍，其中亦有一些鲜为人知的趣闻逸事。

《老城胡同》是作者们不辞劳苦，遍走旧城街道通衢各处，踏查里巷院落的结晶，足迹所到，通过镜头、文字记录了老城四通八达的主干分支以及犹如四肢百骸的许多胡同里巷，抢救性地拍摄下旧城拆迁前的最后景象，为我们保留老城的史实作出巨大的贡献。虽然现在老城厢旧址上面高楼林立，已非旧观，但书中的照片和插图为我们回忆旧城提供了乡愁的依据。

《老城生活》在天津人的衣食住行部分，尤其是吃的方面，也有精彩记述。天津人讲究吃，本书就汇集了诸多天津著名的菜肴和小吃，颇具地方特色。

《老城逸事》记录了许多耄耋老人的口头叙述，这些提供者的娓娓而谈翔实具体，有些事迹堪称珍贵史料。这些口头叙述犹如活化石，为老城历史定格，让人备感亲切。

总之，本套书从多角度记录了2003年天津老城拆迁前的景象，是一套史料丰富、知识性趣味性很浓的读物，可以充分满足人们怀旧的心理需求，是可读性强的巨著。类似这样的书籍我也读了不少，但是像本套书这样概括各个方面，系统而真实、细致而深入的尚不多见，因此值得向关心老城、热爱乡土的读者们推荐。它们像一束艳丽的花朵，悄然绽放，作为纪念老城厢、怀念老城厢的凭据。

天津市艺术研究所　张国贤

2016年6月　时年九十

前 言

这套记录天津故城的丛书历经三载终于付梓，成书的过程很是艰辛亦颇为传奇，让我们这有老有少的七人团队有机会在一起共同书写天津老城的往事。

2013 年 8 月，天津电视台播出了我的一小段专访，几天后，天津教育出版社的袁颖女士就找到了我。因在节目中我提到希望出版一本关于天津老城的书，她愿与我共同完成这个愿望，正是她的慧眼成全了这部多视角书写天津老城的作品。

天津于明永乐二年（1404 年）设卫筑城，至今已六百余年，过往的岁月中，她经历了纷繁的风云变幻并积淀了丰厚的老城文化。

2003 年开始，天津老城迎来了她建城后最彻底的脱胎换骨的变革，几年间老居民换新业主、老房屋换新大厦，如今已是高楼林立、别墅遍布。

那曾经的老街、老院、老屋、老邻、老树……是我们生活中抹不去的记忆，也见证了天津的发展与繁荣，记录着这座城市的荣辱兴衰。

天津老城内自明至清曾有几十座衙门分布其中，管理着城内外的诸多民间琐事、商务往来乃至国防大事、课税要务，而衙署驻地则数次变迁，改弦更张之事也时有发生。古时有城便有墙，天津也是如此，城中自鼓楼又辐射出东、西、南、北四条大街，直达四个城门。这田字形的城中，先后分布着文庙、武庙、书院以及后来众多的教育机构，绵延着天津的文脉，见证了天津现代教育的开端。曾世居城里的青年学者李弢先生在《老城故里》一册中对天津城内外的官署衙门和学校、教育的历史进行了详细梳理与整合，并与其他成员一起写成了“城埠春秋”“古卫城垣”，以及“文脉相承”一章中的“教化育人，传承有序”。

津城之内，尤其是清代以来，曾居住着众多的富商巨贾、文人墨客，天津民间所称的“新、老八大家”有很多也是世居城中。我有幸因老城邻友会而结识天津民国四大书法家之一的孟广慧后裔孟宪宁老先生，他为《老城故里》撰写了“故居选辑”中的“鼓楼东姚家”“书坛大家孟广慧”“高台阶华家”“冰窖胡同李家”等，并在成书的过程中将自己曾经编书的经历与经验同大家分享，让我们少走了很多弯路，促成了书稿的顺利完成。

天津老城中那三百多条胡同里巷，见证了天津城六百年的沧桑变化。如今胡同没有了，但幸运的是在大规模拆迁之际，我们用照片记录了那些远去的情景，兼有文字记录，以便回忆胡同生活的点滴。我和王鹏用一册书记录了我们所了解的胡同。王鹏酷爱考古，在老城拆迁时以考古者的视角拍遍了老城的西北角片、西南角片，而我则以原住民的视角拍遍了老城东北角片、东南角片，虽然当时互不认识，但十年后合作撰写《老城胡同》时，冥冥之中的默契互补，让人感觉到“城缘”的神奇。

天津是个移民城市，五方杂处，经过几百年的融合，形成了特有的文化积淀，百姓生活中的衣、食、住、行各有特色。茶园、茶楼、戏院、影院遍布老城内外。有数百年历史的天津“皇会”异彩纷呈，曾经消失了几十年，如今又恢复了盛况。天津城中孕育了很多民间工艺，涌现了不少能工巧匠。百姓的婚丧嫁娶、过年过节等都各有规则、各有礼仪，形成了很多“妈妈例儿”。在天津特有的方言岛中产生了风趣朴实的天津方言。这些市井百态构成了天津独特的民俗特征。这些内容由天津民俗专家、八旬老人张显明执笔，写就了《老城生活》，而这位老人则是我在拜读他的博客时结识的。

晨钟暮鼓，以鼓楼为中心的天津老城厢是天津的起点，这座算盘城中留下了很多精彩的故事，虽然随着城市的变迁，承载这些故事的老房子、老胡同已然消失，但在这片土地上发生的故事仍在那些搬走的百姓中口口相传。在一次采访中，我结识了晓渔女士，她将自己采访老城人的记录精心梳理，写就了《老城逸事》，让这些老城居民、望族之后、研究学者所经历、所了解的老城故事跃然纸上。

这套书是记录历史的，但很多历史的场景我们没有亲历，由于年代久远也罕有影像资料，如何更好地将历史呈现给读者，曾是我们最为挠头的事。正当愁眉不展之际，一次同学聚会让我将青年画家王星邀入了“城书”的团队。这一画就是三年多，书中四十余幅插画大多是以线描为主的小写意人物画，皆是她一人所绘，每幅作品都精益求精，尽可能地贴近史实并与文字相呼应。这些插画本身自成一部写实风格的连环画卷，描绘着天津老城的跌宕史诗。

为了完成这套书，大家都将自己积累多年的素材和研究成果献出，在完成各自主撰分册的同时，各取所长，互相补充。张显明先生为《老城故里》一册撰写了“老城当铺与估衣商”；孟宪宁先生为《老城生活》一册撰写了“花样精彩进宝斋”“扎彩名家天润斋”“魏氏风筝长清斋”；王鹏先生为《老城故里》一册撰写了“天津老城的宗教建筑”“商贾云集，会馆精美”；我则为《老城故里》一册撰写了“出版印刷，琳琅满目”“环城马路的繁华商业”“天津商会在老城”，为《老城生活》一册撰写了“电信邮政老城缘”一文。本套书共分四册，除了近七十万的文字和四十余幅手绘插画外，还配有九百余幅插图，大多为我和王鹏等本书编写组成员所拍摄或收藏，还有一部分图片则由老城邻友提供，均在相应图片说明中标示，在此表示感谢！

成书的过程中有幸得到了天津史学界专家和乡贤后裔的支持。天津清代名举人杨一昆的后人杨力女士为《老城故里》撰写了“聚通恒杨家”一文并提供了珍贵的历史图片；清代名士李春城的后代李庚翔、李学泓等人认真审核、修改了“冰窖胡同李家”一文，并提供了珍贵的历史照片；天津社会科学院研究员、乡祠卞家后人卞学诊之夫罗澍伟老先生为《老城故里》赐稿“乡祠卞家”一文；天津市艺术研究所研究员、清雍正年间的津城名师张志尧后裔、九秩高龄的张国贤老先生多次审阅书稿、提供资料，为本书提出了很多宝贵的修改意见。对他们的大力支持，我在此表示由衷的感谢！

此外，天津图书馆、天津博物馆、天津档案馆、南开区档案馆等馆藏的开放也为本套书的考证工作提供了很大的帮助。

希望这套图文并茂的书能为人们追忆天津、了解天津、认识天津提供些许便利。

戴晓泉

2016 年 6 月

目录

第一章 商贾云集东北角

一、东北城角官银号 / 005
二、北海大观三义庙 / 009
三、乐善好施仓廒街 / 014
四、展家花园白衣庵 / 021
五、戏院龙亭海张五 / 026
六、只家胡同商铺稠 / 029
七、户部街梦浣俗亭 / 034
八、乡祠本是关帝庙 / 038
九、卞家大宅万平院 / 041
十、胡同名中多县阁 / 043
十一、孙阴阳伴元升园 / 048
十二、双立园旁拴马桩 / 050
十三、旧津道上十二巷 / 054
十四、经司文学打铁铺 / 060

第二章 大户人家东南角

一、富贵最长二道街 / 067
二、冰窖西面有贡院 / 072
三、石桥胡同分南北 / 076
四、卢杨往西弥勒庵 / 081
五、草厂庵旁清修院 / 083
六、东南角有丁公祠 / 087
七、姚家水月晒米厂 / 089
八、河营衙门关帝庙 / 094
九、大费家和探访局 / 097

十、大小刘家与屈家 /102
十一、小费偏居南门东 /107
十二、杠张胡同广业里 /110

第三章 官衙林立西北角

一、贯通东西府署街 /115
二、小宜门口有靳家 /118
三、天津府知府公署 /121
四、衙门左近多富贵 /125
五、项白两家宅连片 /129
六、武庙留名尚武城 /132
七、城守营后朱家宅 /135
八、城隍庙中分府县 /138
九、自来水临讲演所 /141
十、庙前街上最热闹 /144
十一、井家胡同葛家院 /148
十二、右营门前大栅栏 /151
十三、中营原址建学堂 /155
十四、大小唐家与任家 /159
十五、鲍公祠旁镇署墙 /161

『老城胡同』

目录

第四章 百姓安居西南角

一、大寺涌泉迹难寻 /169

二、林公馆旁荤油铺 /173

三、火神庙前大宅门 /177

四、九曲胡同问津院 /182

五、板桥胡同梅家贵 /187

六、达摩庵旁民居多 /190

七、张家大院云林里 /195

八、水坑东边碱台子 /199

九、商户大宅照壁前 /204

十、弓箭胡同邻水铺 /208

十一、南大水沟小马路 /211

十二、利学福厚乐訾家 /214

十三、涌延街旁鸭子王 /217

十四、张志尧邻周永顺 /220

十五、刘家楼旁多里巷 /227

后记 /230

谨以对天津老城厢的文字描摹与影画记录，
作为我们乡愁的凭据和对过往生活的纪念。

第一章　商贾云集东北角

东北角，是天津老城中最繁华和最知名的地方。

那北门外的大关、东门外的娘娘庙，铸就了这片商业发达的热土。官银号、正兴德茶庄、北海楼商场、国货售品所等商家见证了天津百年的繁荣。

一百多条胡同之中，益德王家、乡祠卞家等名门大家，和众多的乡贤、平民共同谱写了天津人勤劳创业的动人诗篇。遍布胡同里巷的商铺作坊、发达的道路交通，使这里成为百姓生活的乐土。

商贾云集东北角

·东北角片局部俯瞰图（王鹏　摄影）

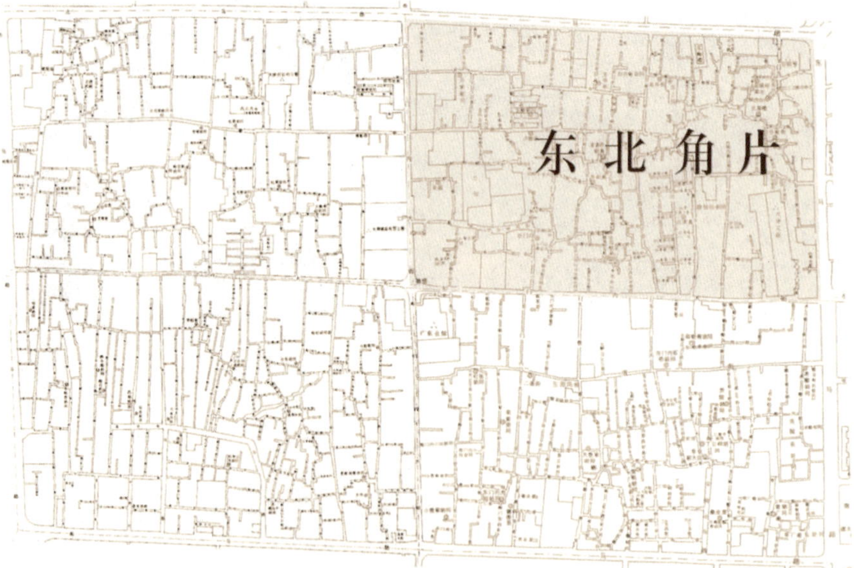

·东北角片在天津老城里的位置示意

一、东北城角官银号

· 官银号菜市街等里巷在天津老城里东北角片的位置

天津是个商业非常发达的城市，而天津人又很讲究“吃”。

曾坐落于东北城角的官银号菜市街，形成于 1913 年，长约 238 米，宽约 5.7 米。北起北马路，向南分成东西两支，东至葫芦观，西至菜市南，呈“人”字形。之所以冠名官银号，这里有一段故事。

1900 年天津城因八国联军入侵而陷落，1901 年由列强建立的殖民统治机构——天津都统衙门下令，拆除天津城墙。1902 年，清朝政府从列强手中收回天津都统衙门后，为尽快恢复因战争而萧条的经济，于 1903 年成立了“北洋天津银号”，占用了都统衙门留下来的东北角转角大楼西侧的一栋。因是官办银号,百姓习称“官银号”。尤其是1906年,电车公司把东北角的一站命名为“官银号站”,更使得“官银号”成为了家喻户晓的地名。

·官银号菜市内景

在清代末年,有毛贾伙巷的摊贩迁移到官银号旁的里巷中经营,这里便逐渐聚集了一批摊贩,达四十多家,以经营蔬菜为主,并设有海货、肉食、蛋禽、水产等店铺,形成一条繁华的露天菜市街。1913年,建成了上有木质顶棚,下有固定房屋的市场,因紧邻官银号,百姓习惯地称其为“官银号菜市”。为区别租界的菜市,人们又叫这里为“中国菜市”,菜市所在的胡同便名为“菜市街”。1983年地名普查时,因与其他街重名,且该街上坐落着官银号副食商场,因此更名为“官银号菜市街”。直到2003年被拆除,这里始终是天津最有名的菜市场之一。

由北向南穿过官银号菜市街,可见到与之相通的六条胡同,靠西的是菜市西胡同、菜市吉祥胡同,靠东的有常关街、三多街、葫芦观胡同,走到尽头与之垂直的是菜市南胡同。

·菜市西胡同

菜市南、菜市西胡同形成于清朝末年。菜市南胡同长约66米,宽2.13米,有居民70多户,曾有伯记表店、荣茂鞋作坊、惠丰箱匣工业社等。菜市西胡同长约65米，宽3.15米，最窄处1.83米，有近30户人家，曾有庆源堂、进步家庭工厂、新中国鞋作坊等。

· 菜市南胡同

菜市吉祥胡同长约94米，宽约2.7米，最窄处约2米多，有居民80多户。1876年前后，一些有钱人家在此购地盖房，形成里巷，房产主徐氏取“吉庆祥瑞”之意，将该胡同命名为“吉祥胡同”。1981年地名普查时，因与其他胡同重名，且与菜市相连，所以更名“菜市吉祥胡同”。民国时胡同中曾有万昌工业社、联丰工厂、秀华家庭工业社、俊茹家庭缝纫等手工业作坊。

· 菜市吉祥胡同铭牌

东侧的常关街是一条约60米长、约5.1米宽的胡同。之所以称常关，是因清光绪二年，清廷在此建立了税务机关。当时的税收机构分为两大类：一是海关，主要业务是征收进出口商品的关税；另一类就是常关，主要业务是征收货物进出国内各关卡的关税。鸦片战争后，中国海关逐渐采用近代西方海关制度进行管理，这里的常关遂于清末撤销，但地名保留了下来。天津城墙拆除后，“都统衙门”在此建楼，多年后这里

·常关街

又建成了内联升鞋帽店和五和商场的大楼。

常关街向南不远，是三多街，“三多”源于一个商铺字号。这里本是一条无名的土路，1913年一位姓杨的商人在此建了一座砖木结构的楼房，经营羊毛、皮货生意，其堂号为“三多”，居民便以“三多”当作街名了。三多街西至官银号菜市街，向东至东马路，长约52米，宽约4.3米。民国时期，在三多街上有制做石油机器的亮明工业社和修车、卖车的祥发成车铺。新中国成立后，街北侧的砖木楼房建筑改为曙光旅馆，接待往来的游人与客商。街南侧东头，是东马路邮政支局的原办公地，该建筑始建于1919年，2003年被拆除。

·三多街

再向南是葫芦观胡同。这个“葫芦观”可不是道士们修行的道观，此地原为天津城里向城外倾泄污水的水门，形状像个葫芦，人称

·葫芦观胡同

"葫芦罐"。城墙拆除后，这个水门不复存在，到 1902 年时形成了里巷，后来因东南角也有一个葫芦罐，为便于区分，这里乃更名为"葫芦观"。

二、北海大观三义庙

· 三义庙街等里巷在天津老城里东北角片的位置

在距离官银号菜市街约 150 米的地方，有一座砖木结构的复合式楼院，主体二层、局部三层，这所楼院便是北海楼商场旧址。当年有句顺口溜："不逛北海楼，白下天津卫。"可见北海楼在当时的声望。这座商场建于 1901 年天津城墙拆除之后不久，但真正名声大噪是在 1912 年重修扩建之后。商场占地约 1600 平方米，建筑面积约

·北海楼西侧山墙

3200平方米，环场四周为门面商店，二、三楼建有近2米宽的环绕走廊，顶为封闭铁罩棚，底层中心搭有摊案货架。一楼售货摊售卖绒绢花、化妆品、针织品、儿童玩具等，在灯光辉映下显得五光十色，琳琅满目的商品吸引了众多妇女儿童流连忘返。商场内有商铺近200家，销售百货的店铺众多，并有画像馆、照相馆、镶牙所、算命馆等不同行业杂处其间。二楼有东升、北海等曲艺茶社，京韵大鼓鼓王刘宝全，梅花大鼓金万昌，单弦荣剑尘，相声名家陶湘茹，并有坠子、时调、西河大鼓、乐亭大鼓等，每日早晚两场演出，场场满座。茶社的兴隆也给商场带来了商机与繁荣。

20世纪20年代中后期，旧租界内，天祥商场、泰康商场、中原公司、劝业场等商场相继落成，商业中心移往当年的租界地区，北海楼商场受到影响，日渐萧条。至新中国成立后，场内商铺逐渐撤销，铁质顶棚也因年久失修而拆除，成为民居。北海楼的南侧有一通道，通道西侧有一男厕，东侧有一女厕。这两个厕所是当年天津城里较大的厕所，由此可见商场配套设施的完备。

·北海楼外廊（王鹏　摄影）

从北海楼向南走，便是北海楼后。该胡同东起彩虹里，西至展家花园，中段北侧有一分支，至北端不通行。胡同长约 61 米，宽 3.35 米。1894 年成巷，因位于北海楼后，故名。民国时期，天津玻璃镜业商会设在这里，于荫轩任会长。

· 北海楼后

· 北海楼后 16 号的两代门牌

沿北海楼后向东走，又是一处丁字路口，面前那条南北走向的胡同是彩虹里，南起三义庙街，北通北马路，与大观楼后相交。三义庙街与大观楼之间有璋佳胡同、刁家胡同、毛家后门几条胡同曲折相通。彩虹里，长约 120 米，宽约 2.1 米，最窄处约 1.8 米。1902 年，有于、何、齐三户人家在此合建房屋，形成里巷。建成后，何、齐两家将房屋卖给了于家，故此处建筑名于家大院。曾有经营文教用品的民贤工业社在此经

· 彩虹里

营。1982 年地名普查时，因重名，取“生活像彩虹一样灿烂”之意，改名“彩虹里”。

·三义庙街

彩虹里的南头是三义庙街。该胡同东起义仓后，西至双井街，北侧与展家花园南、彩虹里、刁家胡同相通，南侧通义仓后、徐家后门，长约 143.9 米，宽约 7 米。这里原有一座三义庙，香火很盛，义和团曾把坛口设置于庙内。据《天津市地名志》记载，三义庙曾残存一座大殿，二十世纪八九十年代还曾为官银号副食加工厂使用。民国时期，在这条街上曾有缝纫业的友联工业社、湘君工业社，经营玻璃陶器的惠明眼镜作坊，经营生产用金属的启新工业社及制鞋的仁祥成绱鞋铺等。

·三义庙街 38 号门牌

三义庙街的中段与刁家胡同相通。刁家胡同北起璋佳胡同，中与毛家后门相交，南至三义庙街，长约 48 米，均宽 3.35 米，最窄处 1.51 米，1903 年成巷。当时大盐商刁某在此建房居住，来往商贾较多，故以刁家姓氏命名。道路两侧除两栋二层楼，其余都为平房宅院。刁家胡同也有几家小厂，且经营范围较大，有日用金属品业的同合家庭铜器工厂，玻璃陶器业的振记工厂，文教用品业的明源工业社，化学制造业的大华工业社。

·刁家胡同 10 号门牌

刁家胡同的中段有毛家后门相连。毛家后门北起大观楼后，南转西至刁家胡同,长101.9米,宽2.25米。1901年前后,张某在此盖房,形成胡同,因对着毛某开办的估衣店后门而得名。胡同中除一栋混合结构二层楼房外,其余为平房建筑,因地处官银号菜市场旁,人流量比较大。

与毛家后门相通的大观楼后,西起彩虹里,向东转南至菜市西胡同,向西至璋佳胡同,此段向南与毛家后门相通。全长约140米,均宽3.47米,最窄处2.01米。民国初年有一户姓张的人家在此盖房,形成胡同,因胡同东侧位于原大观楼戏院后面而得名。两侧多为二层楼房,部分为平房宅院。天津影院的后门也在这条胡同中。

·大观楼后(王鹏　摄影)

·大观楼后5号门牌

20世纪80年代,走在大观楼后的西段,会经过一处常年关闭的院门,这就是北马路乐安里的后门。大概出于安全的考虑,这扇门始终是关闭的,住在这里的人们进出都走北马路一侧的门。乐安里北起北马路,长约28米,宽约2米,路两侧均为二层住宅楼。乐安里建于1937年,当时有经营棉布的商人在巷内开设"内局"(即从事批发业务的商户),在临北马路的巷

·北马路乐安里俯瞰图

口有铁门，取安居乐业之意，名“乐安里”。1982 年地名普查时，因重名，遂在原名前冠以“北马路”，称“北马路乐安里”。

三、乐善好施仓廒街

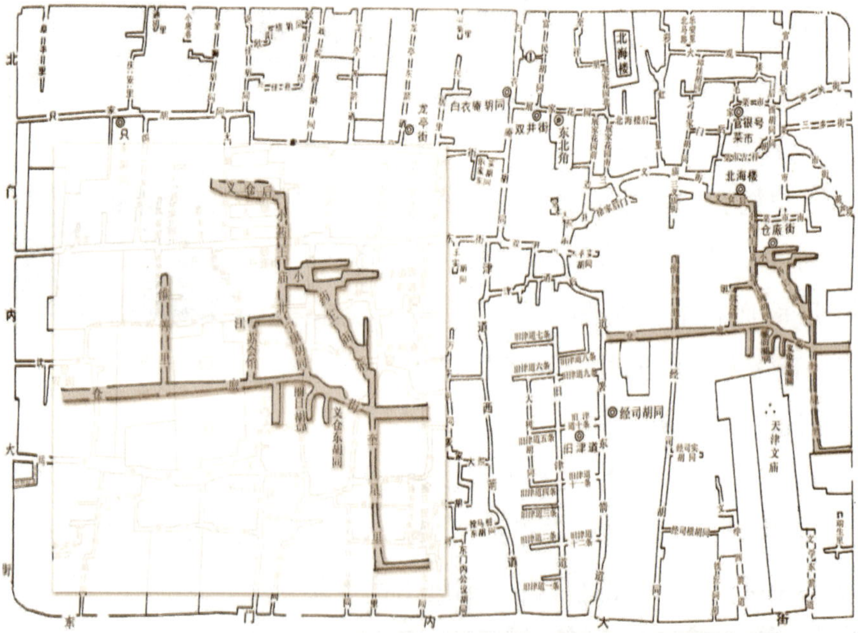

·仓廒街等里巷在天津老城里东北角片的位置

民以食为天，在官银号菜市街以南不远又是一处与吃食有关的胡同——仓廒街。它的历史更久些，《天津县志》记载，清道光十四年，天津知县张钦祖在城东北隅建常平仓仓廒十间，同年又在这里建义仓仓廒十间。常平仓指的是官仓，由官方负责管理，而义仓则由民间百姓自行管理，官方只起协助作用。由于义仓参与的人较多,在向灾民发放救济粮时也更为有效,影响比常平仓更大,久之仓前的这条街便被人们称为“义仓街”。当年清廷为表彰积极捐钱捐粮的官绅,在街的东头树立了名为“乐善好施”的牌坊,这座牌坊直到新中国成立后才被拆除。民国时期,义仓街更名为“仓廒街”,但在其周边保留了“义仓东胡同”和“义仓后”的地名,直到2003年拆迁。

· 仓廒街

· 仓廒街35号门牌

仓廒街东口与东马路相交的街口南侧把角,是一家回民小吃店,黄地红字的外墙格外醒目。向里走不远,左手有一条窄胡同,名为奎星里,北起仓廒街,向南转东至东马路,长约122米,宽约2.5米,胡同的西侧就是文庙,这里原有一座奎星阁。奎星是天上二十八宿之一,传说奎星为天上文官之首,是掌管文运与文章兴衰的神。历代帝王都把孔子比作奎星,所以奎星阁总是建在文庙的旁边。1913年,兴建基督教青年会时将奎星阁拆除,旁边建起民居,形成胡同,名“奎星里”。奎星里11号是一座带有西式拱门的小院,那便是曾名震京津的京剧武生李吉瑞的故居。走进

· 仓廒街与东马路交口的晨光回民小吃店

·奎星里内的李吉瑞故居门楼

故居便是带有铁艺环廊的二层小楼，形成一个天井式空间，北侧有一通道可达后院，整座建筑有房屋三十多间。李吉瑞于1910年前后定居于此，并长期在天津演出，曾任天津正乐育化会会长，热心慈善又极讲孝道。在奎星里，李吉瑞一直居住到1938年去世。20世纪50年代的一个寒冬，李家佣人收拾炉火不慎，引发火灾，李吉瑞生前用的行头等物品均被烧毁，成为天津京剧界的一大憾事。

从奎星里北口向北，绕过一个地沟盖，横穿仓廒街，便来到了名为“小药王庙东”的胡同。该胡同长约150米，宽约4.3米。大概在乾隆、嘉庆年间，此地建起一座供奉药王的小庙，1882年前后，小庙东面渐有人居住，形成里巷，得名“小药王庙东”。这条胡同中有两处高门宅院，两栋二层楼房，其余都是平房建筑。民国时期，这里聚集了几家手工业店铺，三星服装店、林发祥缝纫店、大来纸盒厂、京津无线电修理工业社等。20世纪80年代，这里仍有永和电器修理部和日用五金经营服务公司技术开发部。

·小药王庙北

小药王庙北与小药

王庙东的北口衔接，因位于药王庙以北而得名。该胡同长约60米，宽约2.9米，约于1797年成巷。这条短巷中曾有光复制鞋厂、凤万家庭工业社、华懋绣花家庭工业社等几家小厂。

顺着小药王庙北向北走，有一条长约101米，均宽约3米，最窄处不足2米的胡同，因位于原义仓街后侧，故名“义仓后”。大约在

· 义仓后

1834年，一些有钱人家在此购地盖房，形成里巷。新中国成立前后，泰记画纸制本工厂、同德号缝纫店、裕泰木器行等曾在义仓后经营。

· 义仓后18号门牌（王鹏　提供）

· 丽日胡同路牌

回到仓廒街与奎星里的交口向西走，南侧有两条相邻的实胡同（即不能通行的胡同、死胡同）。一条是义仓东胡同，北起仓廒街，至南不通行，长约14米，宽约2米，因位于义仓以东而得名。另一条是丽日胡同，北起仓廒街，南端不通行，长约12米，宽约1.9米。此处原为空地，清光绪末年建房形成胡

同，因巷外有天顺京报房，遂名“天顺胡同”。天顺京报房兼营药品，新中国成立后，于1955年划归医药公司。1982年地名普查时，因重名，此胡同改称“丽日胡同”。

·宁康胡同

丽日胡同的对面是一条很窄的小巷——宁康胡同，仅宽1.5米左右。南起仓廒街，北转西至江苏会馆。1900年，李德华在此开设德华成衣局，后来不断建房，形成胡同，就以其姓氏命名为“李家胡同”。这条胡同中还有一家名为文记号的麻纺织作坊。1982年地名普查时，因重名，取“安宁康乐”之意，更名为“宁康胡同”。二十世纪七八十年代，这里的一户人家养了很多猫。由于胡同很窄，经过的人很少，有一段时间，该胡同竟成了猫咪们的厕所，自此经过，人们总能闻到浓浓的猫尿味。

·仓廒街小学的操场与教学楼

沿着仓廒街继续向西走，有一段稍显开阔，在南侧有一条窄巷，正可谓曲径通幽，窄巷的尽头是仓廒街小学。学校斜对面有一座大院，那便是建于光绪年间年的江苏会馆。该会馆落成后，逐渐有居民在其附近建房聚居，形成里巷，并以“江苏会馆”为胡同名。该胡同长约72米，宽约

· 江苏会馆

· 江苏会馆房檐下的龙形木雕

2.9 米。江苏会馆中曾有力达帽作坊、永记帽檐作坊、和平家庭缝纫社、万泉糖坊、仁和魁毛笔店、顺利旋木工厂等。

沿仓廒街再向西不远，南侧是经司胡同，北侧是维善里。维善里在道光年间曾是“分县署”的驻地，民国时期开始有居民在此建房居住，形成里巷。维善里南起仓廒街，向北不通行，长约 55 米，宽约 2.8 米，因取积德行善之意，起名“德善里”。1983 年地名普查时更名为“维善里”。巷内东侧曾有德善里小学，后改为南开区第十二幼儿园。民国初年曾在德善里设立修志局采访处，天津近代传世的志书有不少曾在这里修纂。北洋政府时期，天津首创警察制度，其负责预审的机构北洋营务发审处就设在德善里附近。

沿仓廒街继续向西行，曾有一座精美的大院，那是民国初年大军需商徐鹤桥的住宅，当地百姓称其为徐家

· 维善里

大院。徐鹤桥本是个金银首饰匠，一次偶然的机会，成为制售军衣的商人，专门为军阀李纯制作、加工服装方面的军需用品，并因此发家，人称“徐二十”，说是他拥有二十万的家产。由于主人姓徐，建筑比较讲究，又与军界人士过从甚密，于是便有徐家大院是民国大总统徐世昌旧居的说法，这是一个讹传。徐家发达后，从一个姓李的人手中买下了这个院子，但当时院子已经破败不堪，徐家边住边建，经过几年的修葺，逐渐形成了徐家大院的格局。

· 徐鹤桥旧居箭道

徐家大院是典型的天津“四合套”建筑。进入大门，迎面为砖雕影壁，影壁右侧为一条南北向的“箭道”。以“箭道”为中轴，两旁分别为东、西两组院落，动静分开，功能各异。西侧院落是徐家大院的主体，也是主人日常起居、待客和举办各种庆典的地方，由三套“三合院”组成，院落顶部有可开闭的铁质罩棚，以防雨雪及夏天遮阳之用。东侧院落是一般客人和家中佣人的住所，为两组“二合院”，院门或为月亮门或为宝瓶门，显得别致可爱。整座院落占地面积近 3000 平方米，建筑面积近 1500 平方米，房屋的平面布局、间架结构和内外装修，均具有典型的天津风格。徐家后来做买卖赔了钱，家道中落。1951 年，徐鹤桥去世，享年 73 岁。1953 年，院子开始出租、出售，1956 年后逐渐成为杂院，且曾有制镜厂、纸盒车间进驻，门楼则被改为一家粮店。但有大顶棚的西侧院落一直为单位、学校所用，保存非常完好，在 2007 年左右因建高层住宅小区而拆除。

沿仓廒街再向西走不远，是个丁字路口，北侧是蜿蜒的津道后，南侧是直通东门内大街的道署东箭道。

四、展家花园白衣庵

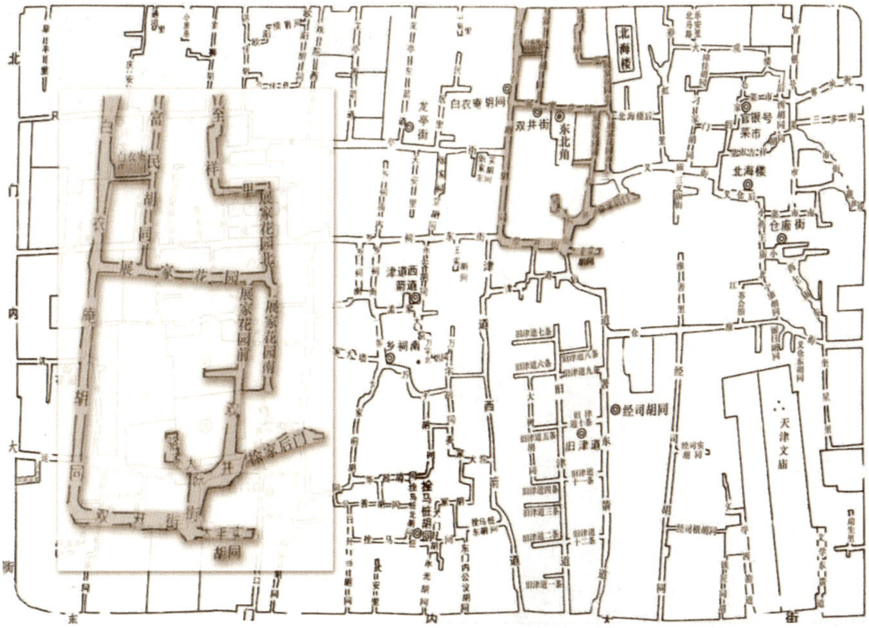

· 白衣庵胡同等里巷在天津老城里东北角片的位置

在北海楼以西不远的地方有一条短巷，名为“至祥里”，该胡同北起北马路，南至展家花园北，长约 44 米，宽约 3.8 米。1900 年，范某在此兴建德源货栈，后形成里巷，起名“德源里”。当年的德源货栈颇具规模，位于胡同中部东侧，院门朝向北马路，院内为带有环廊的二层楼房和平房，有房数十间。新中国成立后，此处逐渐成为民居院落，20 世纪 80 年代后期因建筑年久失修，整体落地重建。1985 年，此巷更名为“至祥里”。

·至祥里与北马路交口

至祥里西侧临北马路处，有三层楼舍一栋，1976 年前是上为住家底为店铺的五联排二层楼房，每户有独立的楼梯。自东数第三、四两排有后院和杂房，后院出门便是至祥里。其余三排没有后院，都是从北马路的门进入。在 1976 年的唐山大地震中，联排建筑被毁，于 1981 年翻盖成三层楼。民国时期，至祥里曾有经营日用金属品的元记工业社、信丰钟表行，经营名片、纸张、文具等的二友堂新记等。

·展家花园

从至祥里向南走，拐过一个弯，便来到了展家花园一带。1832 年，有姓展的人家在这里建造花园，起名“展家花园”，以后陆续建房，形成胡同。花园早已不在，但地名犹存，形成了展家花园、展家花园北、展家花园南、展家花园前这四条胡同。

展家花园，长约92米，东起展家花园南，西至白衣庵胡同。路北侧有二层红砖小楼一幢；南侧有西式浮雕门洞的二层青砖楼院一栋，相传此为日本侵略时期的建筑；其余建筑均为青砖或红砖平房宅院。展家花园曾有珍记

· 展家花园前

· 展家花园南

· 展家花园北

麻绳工厂、恒盛号绒垫工厂、鼎华玻璃绒垫工厂等。以展家花园为中心，向北有展家花园北、向南有展家花园南和展家花园前，历史上还有展家花园后。1983年，展家花园后并入三义庙街。

至祥里西侧不远，曾有一处供奉白衣观世音菩萨的白衣庵，此庙于清光绪年间拆除，逐渐建起民房，形成里巷，称“白衣庵胡同”。胡同两侧大部分是混合结构楼房。民国时期曾有经营纸制品业的永昌家庭工业社、成兴家庭工业社、同兴制本裁纸局，经营文教用品的

· 白衣庵胡同

郑春台笔庄,经营日用金属品的一大工业社,经营化学制造业的胜福斋陈记,还有华明家庭眼镜工业社等。2003 年前,白衣庵胡同 27 号曾有天津市钟表游丝厂。

· 富民胡同

与白衣庵胡同相交的是白衣庵横胡同、展家花园、双井街,从白衣庵胡同穿过狭窄的白衣庵横胡同便可来到富民胡同。此胡同北起北马路,南至展家花园,中段西侧与白衣庵横胡同相通。富民胡同是一条狭长的胡同,长 77.7 米,宽 2.43 米。大约在 1830 年,此地有人建房,名“吕城”。后有傅某又在此建房,形成胡同,遂名傅家胡同,后因重名,于 1985 年,取“富国强民”之意,更名为“富民胡同”。1902 年,直隶书局迁至傅家胡同与北马路交口东侧,直至 1954 年左右。

· 双井街

白衣庵胡同的南端通双井街。双井街,因其中有两口水井而得名。清康熙年间,此处饮水困难,故在此掘井两口,附近陆续建房形成街道,故以两口水井命名。据传在 2003 年老城改造前,古井遗迹尚存。双井街宽将近 5 米,算是比较宽敞的胡同,但比较曲折,北起三义庙街,向南转西至乡祠东街,北段与徐家后门、骆家大院相通,东侧通太平实胡同,西段南侧有二分支均至津道后，胡同全长约 120 米。在这条蜿蜒的胡同中，民国期间曾有光德成眼镜店、万聚和纸品店等商号。

徐家后门，北起三义庙街，往东南再折向西到双井街，长约 56 米，因清代末年仓廒街徐家在此设后门而得名。徐家后门 5 号曾开有建国家庭工业社，经营玻璃瓷器。

· 骆家大院等胡同的俯瞰图

· 徐家后门

骆家大院，长约 31 米，宽 2 米多，原是王家宅基地。1900 年有骆姓人家购置此地，建起了院子，人们便称其为骆家大院。骆家大院地方不大，在新中国成立前曾有中和工业社、建生工业社两处纸制品经营户。

· 20 世纪 60 年代初的骆家大院

（吴文惠　提供）

五、戏院龙亭海张五

· 龙亭街等里巷在天津老城里东北角片的位置

“岁时朝贺行礼，并祝万寿及宣讲圣谕广训于此，雍正八年盐院郑禅宝提请捐修。”这是清代《天津县志》中对龙亭（万寿亭或万寿龙亭，俗称龙亭）的描述。天津龙亭始建于清雍正八年，清嘉庆年重修，供奉有清朝历代帝王的牌位，而其所在的街巷被称为龙亭街，位于北马路中段南侧，东起白衣庵胡同，向西折北至只家胡同，北侧与戏院西胡同、龙亭东箭道、龙亭西箭道、民居里相通，长约 234 米。1996 年以前，如果从白衣庵胡同向西转至龙亭街，步行一段，便可在街北侧看到一座精雕细刻的门楼，那座宅院就是大盐商张锦文的故居(即益照临张家大院)。张锦文就是大名鼎鼎的“海张五”。

民居里位于龙亭街东段北侧,南起龙亭街,至北端不通行。长约117米,宽约2米。据记载,清光绪年间,盐商张锦文在此建三套四合院住宅。1936年因债务纠纷被天津地方法院判归债主,成为居民杂院,仍名张家大院(这债务问题应是张锦文后代的事情)。新中国成立后被多家小工厂占用,取名“工业里”,较大的厂子有做胭脂扑的维纲工业社等。1956年,工厂迁出,此处成为居民住宅,1983年更名为“民居里”。

·龙亭街

·民居里12号门牌

1996年修筑城厢东路时拆去大部分,有一小段保留到了2003年老城整体改造前。

民居里以北,有一条北起自北马路的实胡同,名为“山菊里”。长约26米,宽约2.1米。清光绪八年,有三个商人合资在此开设铜铺,以“德韶昌隆”之意取铺名“三聚德”,这小胡同也称“三聚德”;1952年,该胡同更名为“三聚里”;1983年,因重名,取“山菊傲霜”之意,改称“山菊里”。胡同东侧为砖混二层住宅楼,西侧是砖平房。20世纪80年代,巷内有天津市机械工业管理局经营技术服务公司。

民居里对面，龙亭街南侧，是张家东实胡同和张家祠堂胡同，这两条胡同皆与张锦文故居有关。张家东实胡同，早年间有徐姓人家在此建房形成里巷，称“徐公馆”，后来转给张锦文。后因此巷位于张家祠堂东侧，且南端不通行，更名为“张家东实胡同”。而张家祠堂胡同则是因为在此地建有张锦文的祠堂，故名。该胡同北起龙亭街，南至乡祠东街。1957 年，张锦文的祠堂被拆除，改建成四层居民住宅楼。

由张家祠堂胡同向西不远，是一条名为天安里的实胡同，北起龙亭街，至南端不通行。长约 53.6 米，宽约 1.4 米。1939 年，商人李福安在此开设福兴泰货栈，并建有住房，以其名“福安”为此巷命名，称“福安里”。1983 年因重名，改名为“天安里”。

由民居里向西走不远，有两条百余米的胡同，均连通着龙亭街与北马路，它们是龙亭东箭道和龙亭西箭道，两巷之间曾经是龙亭的所在。

龙亭东箭道，原名“万家胡同”，本为空地，1911 年后，一些人陆续在此建房，逐渐形成里巷，因万姓较多，故名。该胡同长约 153.8 米，宽约 3.4 米。1983 年地名普查时，因与其他地方的胡同重名，遂更名为“龙亭东箭道”。1943 年，魏姓人家在此建楼房四间。在 1950 年前后，曾有多家手工业社及小厂在此经营，缝纫业的有三八家庭工业社、慧芳家庭缝纫社，针织业的有恩华家庭工厂、复兴和针织社，印染业的有福顺长源记，制鞋业的有黄记号，玻璃陶器业的有中一料器工业社，文教用品业的有李记家庭工业社、桐兴工业社等。

龙亭西箭道，建于 1876 年，因位于旧时“龙亭”的西侧而得名。长约 112 米，宽约 5.4 米。西侧中部有一分支。在这条胡同上有几家比较大的商铺或单位，在胡同的东侧自北向南，北段曾有中华百货售品所，1938 年，该售品所迁至旧法租界内，房产被祥德斋所购，其为前店后厂的经营模式，是天津知名的糕点店铺；中段曾有大隆旅社,后改称晨光旅馆、全福大旅社;南段曾有交通十七中队。除此之外,胡同中还曾有多家小商铺,有从事日用金属品业的同联工业社,机器工业的育民家庭工业社,缝纫业的东方家庭工业社、远大缝纫工业社,制鞋业的华东鞋作坊等。

· 龙亭西箭道

龙亭西箭道向西不远,有一条与之平行的细胡同,贯通北马路与龙亭街,名为戏院西胡同,长约 110 米,宽 1.62 米。该处早年为空地,1914 年有姓牛的商人在此置地建房形成胡同,称为“牛家胡同”。1985 年因重名,且位于北马路上的华北戏院以西,遂更名为“戏院西胡同”。胡同北端曾有经营玻璃陶器的复生工业社。

· 戏院西胡同

六、只家胡同商铺稠

自龙亭街西端向北折转,便来到一条东西走向的胡同,名为“只家胡同”。清代末年,这里比较空旷,住户较少,但因其西端通北门

·只家胡同等里巷在天津老城里东北角片的位置

·只家胡同

内大街，商业繁华，遂逐渐建起一些较深的院落，其中最大的房主为只四海，故名“只家胡同”。胡同长约246米，宽近6米，北侧与锦佳胡同、金狮胡同、庆安里相连，这三条胡同均通北马路；南侧与无量庵胡同、鸽子集胡同相连，这两条胡同均通户部街。此地因交通便利，吸引了很多商家在此生产、经营，太原的兴华公司就曾在只家胡同19号福生行内设立驻津办事处。胡同内另有蔚生禾钟作坊、福新家庭工业社等十余家作坊、小厂，广业银号也在这条胡同。只家胡同25号是大盐商王益斋旧居，占地约1400平方米，建筑面积800多平方米。新中国成立后，只家胡同中居民逐渐增多，大部分院落改为普通住宅使用。胡同的东部南侧，民国年间有一座名为共和兴广记的旅馆，为一四合院式样的建筑，是段广根所开办，新中国成立后改名“健康旅馆”，一直经营到21世纪。

只家胡同北侧有三条胡同可以直通北马路，由东向西依次是锦佳胡同、金狮胡同、庆安里。

从锦佳胡同的东侧又分支出欧阳横胡同和兆佳巷，两条胡同均与连接北马路的欧阳胡同相交。锦佳胡同建于清道光年间，原名“靳家胡同”。《津门保甲图说》中标注了两条靳家胡同，一条在北门里西侧，另一条就是这里。据说有靳姓人家在此建有祠堂，逐渐形成胡同，称“靳家祠堂胡同”，新中国成立后改称“靳家胡同”，这里是否与北门里西侧的靳家是一家，还有待考证。1984年为消除重名，取其谐音，改为“锦佳胡同”，含“锦绣佳丽”之意。胡同长约86米，宽2米多。锦佳胡同10号是一座青砖二层小楼，门楼和外檐上有着精美的砖雕，院内有回廊环绕。建筑装饰与格局

·锦佳胡同的二层小楼

·锦佳胡同二层小楼的砖雕

均为中西合璧式样，当年应是一户殷实人家的住宅。

· 欧阳横胡同

欧阳胡同与欧阳横胡同是两条相互垂直的胡同。因此地在清代末年有姓欧阳的人家建房，逐渐形成胡同，所以用建造者的姓氏命名这两条胡同。欧阳胡同长约 64 米，北段通北马路。欧阳横胡同长约 63 米，连接锦佳胡同与欧阳胡同。欧阳胡同中曾有李国忠开办的鸿升鞋作坊等商铺。

兆佳巷，长近 40 米，宽 1 米多。清朝末年，此地称“余家大门”。因此地距北门里不远，商人多在此居住。20 世纪 40 年代，经营金银首饰的赵姓商人将这里原有的住宅建筑重建，遂改名“赵家大院”。1983 年地名普查时，因重名，取其谐音，更名“兆佳巷”。

自锦佳胡同向西不远是金狮胡同，始建于清朝末年，相传此胡同曾有三四尺高的石狮子，故名“狮子胡同”，但石狮子早已不见。胡同长约 86 米，均宽 2.7 米。1982 年地名普查时发现重名，更名为“金狮胡同”。

过了金狮胡同，沿只家胡同再向西走一段就是庆安里。此胡同形成于 1907 年左右，北起北马路，向南转西折南至只家胡同，长约 120 米，以“吉庆平安”之意，取名“庆安里”。

· 金狮胡同

· 庆安里

在连通北马路与只家胡同的三条胡同之间，有几条起自北马路向南不通行的小巷，由东向西分别是小康巷、通明里、阜丰里。

小康巷，长约42米，宽6米多，有居民30多户。1913年王占元在此置地建房，形成院落，因大院套小院，俗称“小大院”。王占元（1861—1934），字子春，曾为陆军上将，晚年解甲经商，在天津有多处房产，小大院即其中之一。胡同中曾有制作玩具的芸记工业社。1983年地名普查时，因重名，更名为“小康巷”。

· 小康巷、通明里、阜丰里等胡同俯瞰图

通明里，1912年，房产主李大麻子于此建房，形成胡同，当时有染料铺、油铺、电料行、鞋店等在此营业。但新中国成立前，此巷一直没有正式名称，新中国成立后，名“通德里”。1982年，因重名，取“通向光明”之意，改为“通明里”。通明里北起北马路，至南端不通行。长约16.5米，宽约2米。

阜丰里，形成于清末民初，取“物阜民丰”之意，称“阜丰里”。长约60米，宽约3米。北起北马路，至南端不通行。因地处北马路与北门里交口附近，商业繁华、交通便利，曾有多家小厂在此经营。

七、户部街梦浣俗亭

· 户部街等里巷在天津老城里东北角片的位置

明代，天津漕运往来逐年增多。漕粮的运输也都仰仗运河，天津是重要的中转站，明朝廷于宣德十年在天津城内设户部分司，管理、监督漕运的税收。而后，户部分司周围陆续建起住宅，形成街道，称为“户部街”。户部街东起乡祠东街，西至北门内大街。长约336米，宽约3.5米。户部分司衙署内曾有一座名为浣俗亭的花园，这是天津城内出现最早的官署园林，为明正德年间湖北崇阳进士汪必东任户部分司主事后修建的。“浣俗”有洗去俗气之意，寓意为政一方要清明、廉洁，在公务之余又要清雅不俗。这所清雅园林在明清时期的史志、图集中多有提及，清道光年间的天津城图中还清晰地标注了浣俗亭的位置。浣俗亭自明正德十一年建园，至清乾隆年间圮废，存世二百八

·户部街

·2003 年拆除益德王家大院时放在路旁待运走的雕花构件

十余年。清咸丰年间，大盐商王益斋买下户部分司衙署旧址的地皮，建起了宅院（益德王家）。

1949 年前后，曾有针织、制鞋、纸制品、文教用品、日用五金、糖果饼干等小商铺在户部街经营。户部街上，还曾有一家小厂专营凤冠，很有特色，老板叫车捷三。

与户部街北侧相通的胡同，由西向东依次为庆荫里、鸽子集胡同、四益里、杠房胡同、双泰里、无量庵胡同、华家大门。

庆荫里南起户部街，至北端不通行，长约 16 米，宽约 2 米。早年王益斋在此建房，后家境衰落，地皮被另一王姓购得，重建房屋，形成里巷，取名“庆荫里”。

鸽子集，清光绪末年，每逢农历三、六、九日，人们聚集到此地买

· 鸽子集胡同

卖鸽子，称为“鸽子集”，这条胡同便称为“鸽子集胡同”。此胡同连通只家胡同与户部街，且与北门里相距不远，交通十分便利。

无量庵胡同，北起只家胡同，南通户部街。清康熙年间，此处建有一座无量庵。乾隆年间，此地建房形成胡同，名“无量庵胡同”。

· 无量庵胡同

· 双泰里

四益里、双泰里原是无量庵前的空地。四益里南起户部街，北端不通行，长约 39 米。1932 年前后，郭氏兄弟四人在天津经商发迹后，在这里置地建房，形成里巷，并在巷口建有过街楼，取兄弟四人和睦之意，将此胡同命名为“四益里”。双泰里也是南起户部街，北端不通行，长约30米，形成于1912年，名“永康里”。1983年地名普查时，因重名，更名为“双泰里”。

·杠房胡同

四益里和双泰里中间是杠房胡同，长约59米，宽约2.4米，南起户部街，北端不通行。此处1727年建房形成胡同，因胡同中曾有租赁白事用品的店铺（俗称“杠房”），故名“杠房胡同”。

·立新大楼（王鹏　摄影）

无量庵的东侧有四栋三层居民楼，1969年建成，以“破旧立新”之意取名“立新大楼”。这里原来是清同治年间盐商华俊声建的四个院子，后形成里巷，名为“华家大门”。后来华家的宅院地基下沉，因此拆除旧建筑，建了新楼。立新大楼东侧有一排住宅平房，长约60米。立新大楼建好后，此处仍称“华家大门”。

八、乡祠本是关帝庙

· 乡祠东街等里巷在天津老城里东北角片的位置

清康熙七年，旅津浙江人将已倾圮的明代镇仓关帝庙改建成浙江人的乡祠，即浙江会馆。天津建城后，城内浙江籍的人逐渐增多，遂在乡祠东侧建房形成里巷，即乡祠东街。此街长约 124 米，宽约 6.2 米。东起双井街，西至户部街；北侧通乡祠庙内，并与张家祠堂胡同相连；南侧通乡祠南一条、乡祠南二条，及永安胡同、王实胡同。

新中国成立后，浙江会馆逐渐停止活动，1970 年被拆除，重建后成为民宅。其中有一条实巷连着乡祠东街，这条实巷便被称为“乡祠庙内”。巷内曾保存有镇仓关帝庙碑一座，2003 年老城整体改造

·乡祠东街东口

·乡祠庙内

时，被文物部门移走收藏。

在乡祠庙内西边不远，有一条南北向胡同，连接着户部街与龙亭街，因位于浙江会馆以西，被称为“浙江会馆西箭道”。此道形成于浙江会馆建成之初，长约71米，宽约5.5米。

·浙江会馆西箭道（王鹏　摄影）

浙江会馆对面靠西曾有一个道观，名“朝阳观”，清道光年间建成，观前逐渐建房形成胡同，遂以“朝阳观”为名。该胡同北起户部街，南至卞家小胡同，西侧

·朝阳观

有一不通行分支，东侧通乡祠二条，长约 110 米，宽约 4.2 米。1908 年，朝阳观中由私人办起了蒙养院——私立朝阳观蒙养院。这是天津最早的幼教机构之一。1942 年，朝阳观原建筑被拆除，于原址上建房，几经更迭，1961 年后为南开第二幼儿园。

· 乡祠南一条

乡祠庙内正对着的便是乡祠南一条，二者之间隔着一条乡祠东街。乡祠南一条长约 97 米，宽 3 米多。该胡同成巷初期，有浙江会馆的沈董事于此间建房，因此该胡同曾名“乡祠南街”“沈家实胡同”。1954 年更名，按东西方向排序，称为“乡祠南一条”，靠西的另一条胡同称为“乡祠南二条”。在 2003 年拆除前，乡祠南一条北口东侧仍有一个石质旗杆底座，应是古物。

· 乡祠南二条

永安胡同，长约 50 米，宽约 1.6 米。北起乡祠东街，南到孟家大院，东侧有一岔道至东端不通行。民国初年，此地建房形成胡同，因对面曾有一口大井，曾名“大井胡同”，后居民嫌其不雅，1942 年更名为“永安胡同”。

在永安胡同东边是王实胡同，长约 23 米。1910 年后，此地逐渐建房，形成胡同，因其居民以王姓较多，且一端为实口，故名“王家实胡同”。1984 年因重名，更名为“王实胡同”。

九、卞家大宅万平院

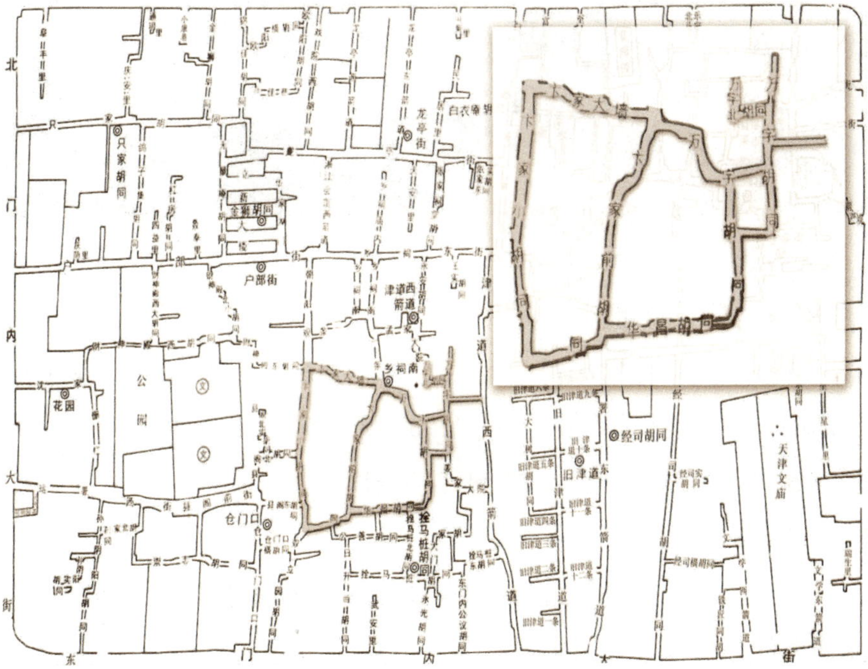

· 卞家大墙等里巷在天津老城里东北角片的位置

乡祠以南不远曾有一座占地约 1.07 万平方米的大宅院，人称卞家大院。清康熙年间，祖籍江苏的卞瑛携家小来天津定居。后来，卞家在天津成为妇孺皆知的望族，而这与卞家几代人的辛勤耕耘是分不开的。本来卞瑛来天津是想得些积蓄后回乡的，可直至 81 岁寿终也未能如愿。他的后代，尤其是他的曾孙辈，积累了一些财富，到了咸丰年间，第五代和第六代便开始在城里置地建房，位置就在当年浙江乡祠以南，因此当地的居民习惯称其为“乡祠卞家”。

卞家大院分东西两院。我们可以从原先的地图上看到，卞家大院北起卞家大墙与万字胡同，南达华昌胡同与卞家前胡同拐角处，西至卞家小胡同，东到万字胡同。

·卞家前胡同

·卞家大墙

卞家东院南面的华昌胡同原为夏家粪厂。1912 年粪厂移走形成胡同，仍然沿用粪厂的名称。1983 年地名普查时更名为华昌胡同，长约 80 米，宽近 3 米。东起万字胡同，西至卞家前胡同，南与拴马桩北胡同相通。

卞家东院的东侧曾为万字胡同，为 1912 年建房形成的胡同。这条胡同的分支比较多，因胡同曲折形似“卍”字，故名“万字胡同”。1954 年，北端万字实胡同及西侧的广善里并入。

·卞家小胡同

·华昌胡同

万字胡同的北侧，有万字北胡同，东起万字胡同，向西转北至孟家大院。此胡同长约16米。

· 万字胡同

十、胡同名中多县阁

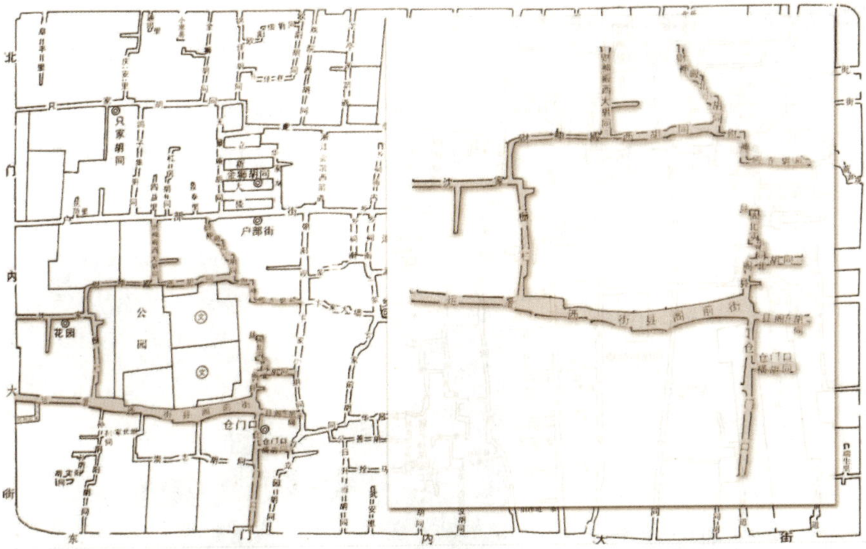

· 县阁前街等里巷在天津老城里东北角片的位置

天津直隶州建立不久，清雍正九年即升为府。据《东华录》记载，丙辰（雍正九年）二月，吏部议复直隶总督唐执玉奏："天津直隶州系水陆通衢，五方杂处，事务繁多，办理不易，请升州为府。"此奏获准，并"附廓置天津县"，"此新设一县同该州原辖之青县、静海二县及沧州、南皮、盐山、庆云一州三县，统归新设之府管辖"。

·县阁前街

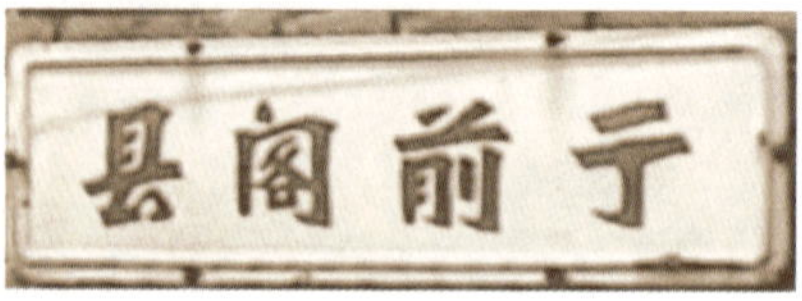

·县阁前街路牌

天津县设立不久，清雍正十二年，即选址东门里的仓门口处建县署衙门。衙门建成后坐北朝南，在县衙前东侧建有文昌阁，又称"县阁"，阁楼的下部是宽大的砖座，正中央设有门道，沟通内外，前为矩形，后为拱券；座顶女儿墙砌成十字花形；座上筑有两层木结构的楼阁。由于县衙门前建的这座过街楼阁巍峨醒目，虽建筑早已无存，但至2003年老城改造前，仍有县阁前街、县阁北胡同、县阁北实胡同、县阁东胡同这些地名保留下来。

县阁前街形成于清雍正年间，长约70米，街面较宽。东起仓门口，西与运署西街相连。县阁前街的东北连接县阁北胡同，东南则连接着县阁东胡同。

·县阁北胡同

县阁北胡同长约51

米，东起卞家小胡同，向西转南至仓门口，北侧通县阁北实胡同，当年县阁便坐落于此胡同的东部。

后来县阁的北侧逐渐建起房屋，形成胡同，因至北不通行，便起名“县阁北实胡同”。该胡同长约35米，宽约3米。

县阁东胡同，长约40米，宽约3米，东起卞家小胡同，西至仓门口，原为县阁东侧的空地，后建房而成胡同，起名“县阁东胡同”。

县阁前街的东口与仓门口相连，向南走可通东门内大街。仓门口长约130米，宽近4米。因始建于明代的“三仓”在其北，加之此处逐渐建房形成胡同，如同仓廒的门口，故名“仓门口”。明朝末年，李自成攻打天津，三仓毁于大火，清初又新建了公字廒、聚粟廒、裹糇廒和日字廒，贮存天津卫屯粮及截留的南粮，以供军饷，同时建有仓神庙、关王庙、放粮小厅、积贮门、出粮门等附属建筑。始建于清雍正年间的县衙也位于此处。仓门口的南口与东门内大街的交口处有一座创建于1860年的基督教堂，是天津最早的基督教堂，后改为天津基督教徒自立的会堂，称为“天津市基督教会仓门口堂”，保留至今。

·仓门口

·仓门口横胡同

仓门口的北段东侧有一条东西走向的胡同，名为“仓门口横胡同”，形成于清顺治年间。该胡同东起双立园胡同，西到仓门口，长约31米，宽近3米。

义和团运动期间，天津县衙遭到焚毁。而后天津县衙迁到了城东南的水月庵。

县衙被毁迁走后，盐道衙门（长芦盐运使公署，简称“运署”）也因被毁，从鼓楼东街南侧，即今天的广东会馆处搬至此处（县衙旧址），很快就建起了盐道衙门的新院落。1937年，盐道衙门改称“长芦盐务管理局”。后“运署”迁出，但门前的街道仍保留了“运署西街”这个名称，此街与县阁前街相通，同为东西走向。运署西街向西通往北门内大街，长约177米，宽约4米。20世纪60年代，盐道衙门旧址的东侧有运署西街小学和北门里小学，西侧为花园。据传，此为老县衙留下的花园，百姓习称“衙门花园”，因谐音，当地小孩们便戏称其为“蛤蟆花园”，也有“城里花园”等称谓，后定名“向阳公园”。

· 运署西街

在紧邻县衙的东北隅，曾有一座建于清代初年的财神殿。顺治、康熙年间，财神殿附近开始建起房屋，陆续形成财神殿北小胡同、财神殿东胡同、财神殿西胡同、财神殿西大胡同，这四条胡同分别长约76米、约80米、约160米、约88米。其中财神殿北小胡同、财神殿西大胡同为南北走向，通往户部街。

· 财神殿西大胡同

“衙门花园”的西侧，

·财神殿北小胡同

清顺治年间，曾有沈姓官员在此建房，逐渐形成胡同，初名“沈家胡同”，后由于这里是县署的驻地，巷口装有栅栏，因此改称为“沈家栅栏”。该胡同西起北门内大街，向东转南至运署西街，北侧通财神殿西胡同，全长约189米。

·沈家栅栏

“大关丁家”的后人曾居于沈家栅栏，丁伯钰的旧宅便在此胡同中。丁伯钰曾为天津街道设置煤油灯照明，并因此获清廷嘉赏；家境败落后，自食其力，靠制售“丁少（爷）糖堆”为业，在津门传为佳话。

沈家栅栏的“油炸蚂蚱”曾经远近闻名，是天津百姓的夏日美食。

久居津门的卞家后人卞述卿，曾在沈家栅栏与朝阳观之间置地建起宅院。新中国成立前后，卞述卿的曾孙辈还曾在此居住，后逐渐迁出。如今，这座宅院的大部分已被拆除，只有少部分建筑被保留下来。

·卞述卿旧居门楼

十一、孙阴阳伴元升园

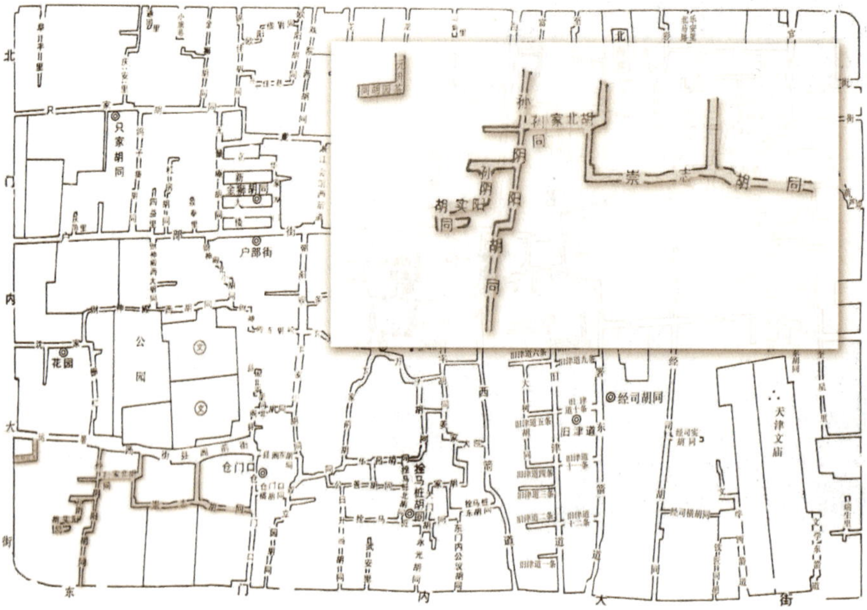

·孙阴阳胡同等里巷在天津老城里东北角片的位置

运署西街的南侧，在清代康熙年间曾住着一位通晓堪舆之术的孙先生，以给人看风水为业，据传颇为灵验。古时，风水先生亦称阴阳先生，故这位孙先生所住的胡同被称为“孙阴阳胡同”。此胡同北起运署西街，南至东门内大街，西侧通孙阴阳实胡同，并有一向西不通行的分支，东侧与孙家北胡同相通，全长约 157 米。

清康熙年间，富商孙四库在孙阴阳胡同的东侧不远处建房，形成里巷，名为“孙家胡同”。1982 年地名普查时，因重名，更名为“崇志胡同”。该胡同东起仓门口，西转北至孙家北胡同，中段向北分支

·崇志胡同

·孙阴阳实胡同

至县阁前街。该胡同全长约72.5米。孙宅的北边逐渐建房，形成里巷，名“孙家北胡同”，向西连接孙阴阳胡同。而这“孙阴阳”的孙家和“孙家胡同”的孙家，是恰巧都姓孙，还是本为一家，已不得而知。

20世纪50年代前，在不长的孙家胡同中，也曾有不少小厂或作坊，如建业帽作坊、德记服装工业社、新达家庭缝纫社、明兴号纸制品、大猷工业社、锦华号纸制品、三盛成铁木工业厂、玉生电木工厂、正阳墨法糨糊庄等。

从孙阴阳胡同北口，沿着运署西街向西走不远，有一条“L”形状的胡同，名“元升茶园胡同”，这是天津城内唯一一条以茶园命名的胡同。元升茶园原名“金声茶园”，所在的胡同就被命名为“金声园胡同”。这个茶园自嘉庆、道光年间创办后，因股东频繁变更，字号也多次更换，曾

·孙家北胡同

叫过景春、景桂、天仙等，民国初年改名“元升茶园”，胡同也随之更名“元升茶园胡同”。后来元升茶园停业，又改为“福仙茶园”，而这个胡同名却没再改，一直沿用到2003年。元升茶园胡同北起运署西街，向南转西至北门内大街，全长约42米。早年间，这座茶园是文人墨客、演艺名家聚集之地，在天津演艺界占有一席之地。孙菊仙、李吉瑞、元元红等著名戏曲演员，以及小荣福、杨翠喜等京剧、梆子第一代女伶，都曾在此茶园演出过。

十二、双立园旁拴马桩

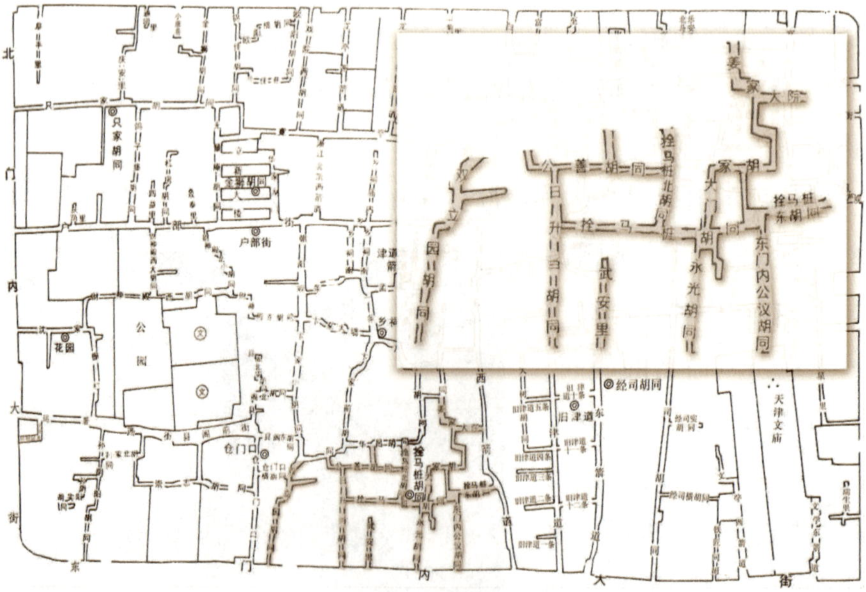

· 拴马桩胡同等里巷在天津老城里东北角片的位置

仓门口横胡同的西头连接着仓门口，东头则连接着另一条与吃食有关的小巷，即双立园胡同。该胡同北起下家小胡同，南至东门内大街，长约130米，宽2米多。清康熙年间，此地建房形成里巷。在该胡同南口，曾有双立园饭馆。早在清乾

· 双立园胡同

隆年间，天津就有"双立园包子白透油"的说法。这家饭馆除包子出名外，菜系齐全，门庭若市，因而饭馆所在的胡同被命名为"双立园胡同"。

双立园胡同东侧不远并排着四条较短的巷子，由西向东依次是日升当胡同、武安里、永光胡同、东门内公议胡同。

· 日升当胡同

日升当胡同位于东门内大街中段北侧。北起公善胡同，南至东门内大街，东侧通拴马桩胡同。长约92米，宽2米余。清光绪年间，此地建房形成里巷，胡同南口西侧有"日升当"当铺，胡同便以此得名。1900年，日升当遭到八国联军抢劫，后重新开业。到了民国初年，日升当转手，改字号为"同聚当"，但这条胡同仍名为"日升当胡同"。

武安里南起东门内大街，至北端不通行，长约 50 米，宽近 3 米。清光绪年间，绸缎商倪某在此地建房形成里巷，取“谦受益”之意，名“谦益里”。1983 年地名普查时，因重名，改为“武安里”。

永光胡同在东门内大街北侧，北起拴马桩胡同，南至东门内大街，长约 55 米，宽近 2 米。清道光年间，天津富商丁某在此建房形成里巷，名“丁家胡同”。1983 年地名普查时，因重名，更名为“永光胡同”。

东门内公议胡同，位于东门内大街中段北侧，北起拴马桩胡同，南至东门内大街，北端东侧与拴马桩东胡同相连，长约 66 米，宽约 2 米。清道光年间的《津门保甲图说》已记载此巷名。据传巷内本有两户人家，相处和睦，共同商议建起住宅，后逐步建房形成胡同，取名“公议胡同”。后地名普查时，因重名，改称“东门内公议胡同”。

与上面这四条胡同相连或相邻的三条胡同分别是，拴马桩胡同、拴马桩北胡同、拴马桩东胡同。之所以叫拴马桩，是因这里原为空地，埋有带铁环的木桩或是带孔洞的石柱。此处西侧不远，曾是建于清雍正年间的天津县署衙门，当时来这里办公、办事的人多在此处拴马。

拴马桩胡同位于东门内大街北侧，东起拴马桩东胡同，西至日升当胡同，北侧通拴马桩北胡同，南侧通永光胡同，长约 127 米，宽 3 米余。

· 拴马桩北胡同

拴马桩北胡同，北起华昌胡同，南至拴马桩胡同，中段西侧与公善胡同相通，长约46.5米，宽约2米。该胡同形成于清光绪年间，因位于拴马桩胡同以北，故名。

拴马桩东胡同，东起津道西箭道，西至拴马桩胡同，南侧与东门内公议胡同相通，北侧与胡家大门相接，长约42米，宽约1.6米。该胡同形成于清光绪年间，因位于拴马桩胡同以东，故名，两侧均为砖木结构平房。

同拴马桩北胡同中段相连的公善胡同，因胡同中有清道光年间民众组织的公善救火会，故名。救火会又称“水局”，由当地士绅出资建房并购置救火设备，主要设备是水机子，还要有许多太平桶（救火用的水筲）、挠钩等。水局应设在较宽阔处，以便于搬运庞大的水机子。公善胡同南面紧邻有拴马桩的空场，地势较为宽阔。该胡同形成于清道光年间，东起拴马桩北胡同，西转北至卞家前胡同，南侧通日升当胡同，长约80米，宽2米余。

公善救火会、拴马桩，这些位于天津县署衙门东南侧的机构和空场，为天津县署衙门的正常运作提供了保障。

拴马桩胡同南侧有两条相连的胡同，名为“胡家大门”和“姜家大院”。

· 公善胡同与华昌胡同交口

姜家大院，东起津道西箭道，西转北至万字胡同，长约100米，宽3米余。清光绪年间，有一姜姓县官在此置地建房形成胡同，故名“姜家大院”。巷中曾有庆记家庭制簿社、源生裁纸局、福华制木厂、义和纸板工厂等。

胡家大门，南起拴马桩胡同，向北转东折南至拴马桩东胡同。长约85米，宽1米多。民国元年，有胡氏五兄弟在此建高大住宅，取名“胡家大门”，后成为里巷名称。巷内曾有永记家庭工业社。

十三、旧津道上十二巷

·旧津道等里巷在天津老城里东北角片的位置

在下家大院以东有四条长二三百米、南北走向的胡同。从西到东依次是津道西箭道、旧津道、道署东箭道和经司胡同。明代天津建城之初设立天津卫、天津右卫、天津左卫。津道西箭道和道署东箭道之间,曾是天津左卫的驻地。天津左卫建卫之初在东城门门房后,后来迁址到此。由于三卫同在一个城中,它们各执其政,争权夺势,互不统属,各自独立。为了改变这种状况,明弘治四年,明孝宗派山东按察副使刘福整饬天津等处,驻扎天津,简称“兵备道”或称“天津道”。明弘治十八年,天津兵备副使施槃在天津城西北角正式建立了天津兵备道署,后来该衙门迁到了东门内大街以北天津左卫公署处。

到了清代康熙四年,天津兵备道改为整饬天津道署,乾隆二年,改建为总督河道都察院衙署,继而又改为天津道署,负责市政、民情。此时的天津道署已经具有管理河道事务兼有监察、弹劾与建议职能。随后,天津道署再次改为天津河间兵备道公署。当时,该署的面积比旁边天津文庙府县两庙加起来还要大。

进入民国后,1912 年,天津道被撤销,由杜笑山、毕奎等人在此建成 12 条胡同,均为东西走向,且与旧津道相通,沿旧津道呈鱼骨状分布。

·旧津道

旧津道一条,东起旧津道,至西端不通行,长 19.5 米,宽 3.03 米,曾有居民 17 户。巷内曾有经营丝织品的承记织布工厂等。

旧津道二条,东起旧津道,至西端不通行,长约 26 米,宽 3.16 米,曾有居民 26 户。巷内曾有经营日用金属品的利民工业社等。

旧津道三条，东起旧津道，至西端不通行，长约32米，宽2.68米，曾有居民30户。巷内曾有制鞋的力生工厂，缝纫业的新生工厂，从事麻纺织的秀清家庭工厂。

旧津道四条，东起旧津道，西至大树胡同，长约25米，宽3.01米，曾有居民7户。

・旧津道五条

旧津道五条，东起旧津道，西至大树胡同，长约24米，宽3.05米，曾有居民7户。巷内曾有经营生产用金属品的协兴五金工厂等。

・旧津道五条1号门牌

・旧津道六条

旧津道六条，东起旧津道，至西端不通行，南面与大树胡同相通，长约36米，宽约3.1米。曾有居民31户。

・旧津道六条路牌

·旧津道七条

·旧津道七条路牌

旧津道七条，东起旧津道，至西端不通行，长约36米，宽2.35米，曾有居民22户。巷内曾有兴隆南纸作坊等。

·旧津道八条

·旧津道八条路牌

旧津道八条，西起旧津道，有一条向东分支，转北不通行，长约47.5米，宽约2.8米，曾有居民20户。巷内曾有宏记家庭鞋作坊等。

·旧津道九条

·旧津道九条1号门牌

旧津道九条，东起道署东箭道，西至旧津道，长约36米，宽约3.2米，曾有居民20户。

旧津道十条，东起道署东箭道，西至旧津道，长约36米，宽3.16米，曾有居民9户。

旧津道十一条，东起道署东箭道，西至旧津道，长约36米，宽3.08米，曾有居民20户。

·旧津道十二条

旧津道十二条，东起道署东箭道，西至旧津道，长约36米，宽3.08米，曾有居民14户。1914年，商人臧辛茹在此巷南侧建起一座楼房，因而此巷曾名“大楼胡同”。1983年地名普查时，此巷因重名，更名为“旧津道十二条”。

·大树胡同路牌

自南至北与旧津道六条、旧津道五条、旧津道四条西侧相通的是一条名为“大树胡同”的小巷。长约84米，宽约2.45米，曾有居民59户。此处原为空地，1922年建房形成胡同，因巷内有棵挺拔茁壮的大柳树，得名“大树胡同”。胡同中曾有经营针织的民兴家庭工厂，经营生产用金属品的益中工厂，制作玩具的彦文工业社等。

旧津道的东西两侧是与之平行的道署东箭道和津道西箭道，这两条胡同原是天津道衙门的东箭道与西箭道。

·津道西箭道

津道西箭道北起乡祠东街，南至东门内大街，西侧与拴马桩东胡同、姜家大院相通，东侧可至津道后，长约300米，宽3米余。此处原为空地，1912年后逐步建房形成胡同。20世纪50年代前，巷内曾有玻璃陶器业的勤俭家庭工业社，日用金属品业的宗裕工业社，制作书包、背包的建华缝纫社，金属冶炼业的吉有作坊，文教用品业的建生家庭工业社等。20世纪80年代，巷内曾有东北角街蓓蕾幼儿园、天津市振华音乐蜡烛分厂等。

道署东箭道北起津道后，南至东门内大街，西侧与旧津道九条、旧津道十条、旧津道十一条、旧津道十二条相通。长约223米，宽5米多，清宣统末年成巷。1950年前后，胡同中曾有志明油漆喷漆作坊，缝纫业的傅福工业社、衍仁家庭工业社，日用金属业的津沽实业工厂，制鞋业的群力制鞋作坊等。

· 道署东箭道

津道西箭道与道署东箭道的北部，由一条名为“津道后”的胡同连通。津道后东起道署东箭道，西至津道西箭道，中段南侧有两个分支至南不通行，北侧与双井街相通，长约177米，宽近3米。该胡同形成于清光绪年间，因位于津道衙门后墙处，故名“津道后”。巷内曾有利民缝纫工业社等。

· 津道后

十四、经司文学打铁铺

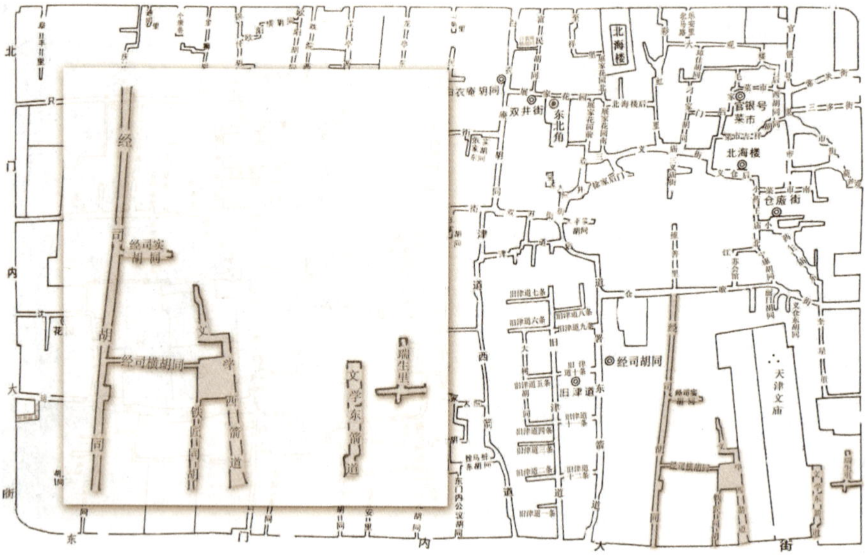

· 经司胡同等里巷的在天津老城里东北角片的位置

· 经司胡同

道署东箭道的东面，是与之平行的、同为南北走向的经司胡同。经司胡同北起仓廒街，南至东门内大街，东侧有经司实胡同及经司横胡同。长约233米，宽约4米。该巷形成于清道光年间，原经历司衙门曾坐落于此巷中，因而该巷得名“经司胡同”。

清初，天津三卫并为一卫，卫指挥使衙门就设在东门里前明整饬天津兵备副使衙门（即原来的天津左卫衙门）处，经历司在其东侧，设经历一人，于康熙年间裁撤。

1943 年，玻璃商人宋耀曾在经司胡同中大约相当于原经历司衙门旧址的位置，拆除原有建筑物，请桐华顺营造厂盖起了蓝卍字会主殿的木结构楼阁。1949 年前后，蓝卍字会逐渐停止了活动。20 世纪 50 年代，此处改为南开区第三幼儿园，直到 1999 年迁走。而后，周围逐渐建起了高层住宅区。2009 年，该建筑进行整体修缮，部分建筑结构改变，屋顶的灰瓦改成了琉璃瓦，如今为私人所经营。

·原蓝卍字会会址建筑

经司胡同与道署东箭道之间曾有一座针织运动衣一厂，院子很大，均为传统建筑形式，且比普通民房的规格要高。20 世纪 90 年代，冯巩主演的电影《没事偷着乐》中的许多镜头就是在这组古建筑中拍摄的。

·经司实胡同

经司横胡同，南起铁匠胡同，向北转西至经司胡同，长约 53 米，宽约 1.6 米。该胡同形成于清道光年间，因是经司胡同中间一条横胡同，故名。

经司实胡同，西起经司胡同，至东端不通行。长约 25 米，宽1.82米。该胡同形成于清道光年间,因其东端为实口,故名。

与经司横胡同相通的是南北走向的铁匠胡同,南起东门内大街,北转东至文学西箭道,长约66米,宽近4米。该胡同在清道光年间的《津门保甲图说》中已有记载,因胡同口原有王姓父子开设的打铁铺而得名。

从铁匠胡同向南走到东门内大街,向东看可见两道巍峨的牌楼,这是始建于明代正统元年的天津文庙的附属建筑,百姓习惯称其为"二道牌坊",是遥相呼应的两座二柱三楼式牌楼,这种形式在全国也是罕见的。东边牌坊上书"德配天地",西边牌坊上写"道冠古今"。古时文武官员到这"二道牌坊"前均要下轿下马,以示敬畏。这两个牌楼始建于明代,而后历代均有修缮。两座牌楼的北侧分别是文学东箭道和文学西箭道。文学东箭道形成于清道光年间,因位于文庙东侧,故名"文学东箭道"(衙门及庙宇两侧的道路习称"箭道")。东箭道南起东门内大街,至北端不通行,长约76米,宽约4米,西侧有文庙的"礼门"。文学西箭道形成于清道光年间,因位于文庙西侧,故名"文学西箭道"。西箭道南起东门内大街,至北端不通行,西侧与经司横胡同、铁匠胡同相通,长约120米,宽5米余,东侧有文庙的"义路门"。文学西箭道上有一座建于民国时期的国际打字学校,本为平房,后因扩充教室改为二层小楼,因其屋顶碰到了西侧牌坊的顶子,一时成为人们的谈资。20世纪60年代后,这所学校被撤销,改为民房。

· 文学东箭道上文庙礼门,当年进出文庙一般就走此门

· 文学西箭道

文学东箭道东侧不远，有一条与东马路相通的小巷，名为“瑞生里”。长约 63 米，宽近 3 米。东起东马路，至西端不通行，中段有折向南、北的两个分支，但两个分支均为实口。该胡同形成于清光绪年间，取“祥瑞生财”之意，名“瑞生里”。

· 文学西箭道 19 号门牌

第二章 大户人家东南角

老城东南角片人文底蕴厚重。这里东有贡院，西有县署，八十余条胡同中，仅二道街两侧就曾有杨无怪、华世奎、孟广慧、赵元礼、刘云若、王襄等文人墨客的故居。“李善人”家、聚通恒杨家、鼓楼东姚家等富商巨贾的深宅大院也坐落于此。

此外，草厂庵、广东会馆等也在这一区域。

大户人家东南角

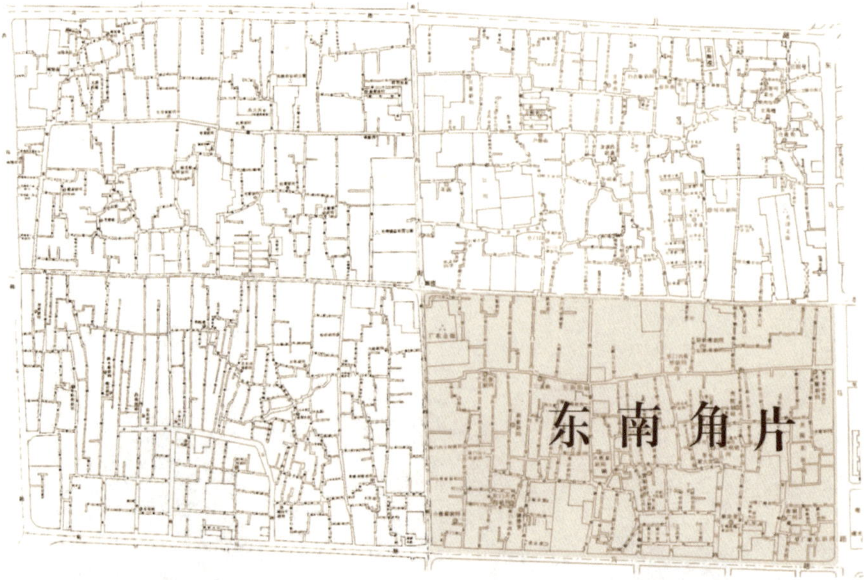

·东南角片在天津老城里的位置示意

·东南角片局部俯瞰图

一、富贵最长二道街

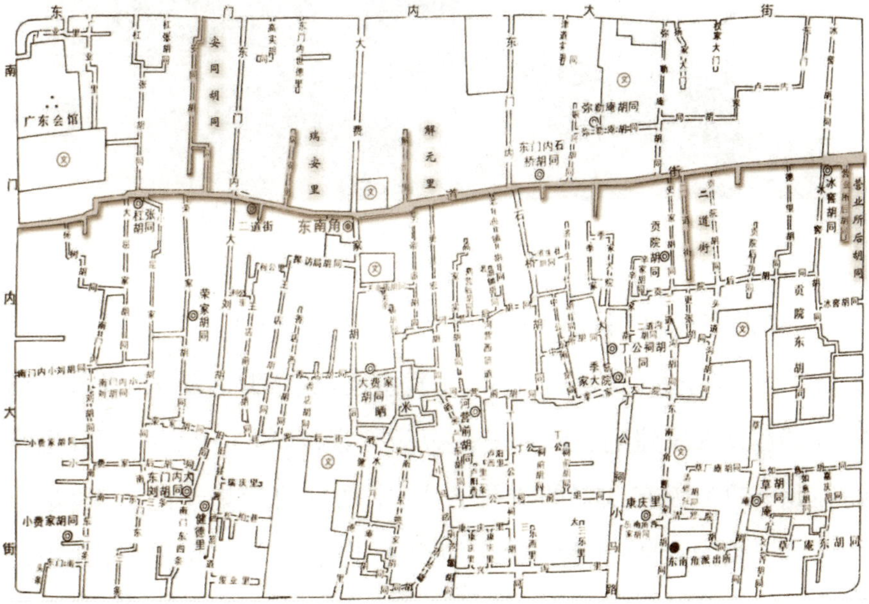

· 二道街等里巷在天津老城里东南角片的位置

翻开老城东南角的地图，最显眼的里巷就是二道街，因系老城东门内大街以南第二条东西走向的街道，故名。这条长约 815 米的胡同连接东马路与南门内大街，是天津老城内最长的一条胡同，也是较为古老的胡同。民国时期，该胡同向东、向西各延长了一段，贯通了东南角的东西。二道街南北两侧共有 22 条胡同与其相通，其中营业所后胡同、解元里、瑞安里为实胡同。

由于二道街地处老城东南隅，交通便利，邻近文庙，且是贡院所在，因而二道街两侧及与其相连的胡同里巷中曾住过众多文人墨

· 二道街

客,如华世奎、孟广慧等人。一些大盐商如“李善人”家、口岸店王家、津武口岸华家、景州店刘家、完满堂周家、裕源店刘家、聚通恒杨家等都在此安家建宅。此外三义金店刘家,洋行王家、赵家等,也纷纷在此落户。因有众多的文化名人、富商巨贾云集于此,二道街成为天津卫较为富庶、显赫之地。清道光年间的《津门保甲图说》中记载,二道街两侧还分布着韦陀庙、小药王庙、行宫庙、弥勒庵、关帝庙五座庙宇。

自东马路进入二道街向西走,会觉得这是个很宽敞的胡同,但前行不远,至与二道街十字相交的冰窖胡同后,却突然变窄了。这是因为二道街原本在冰窖胡同就已截住,与之成为丁字路口。1901年城墙拆除后,东马路逐渐繁华起来。到了民国,为方便交通,将二道街打通,延伸至东马路,延伸出的这部分比已有的街面要宽出一些,以便于通行。20 世纪 90 年代中后期,这一带建起了新安购物广场的大楼。

在二道街南侧,距东口很近的一块地方,1917 年建房形成胡同,北起二道街，至南不通行，取名“南实胡同”。1937 年，天津铁路局在东马路成立出售车票的营业所，后门正对着该胡同，故将其改名为“营业所后胡同”。这个营业所几经更名，但始终是铁路局出售车票的地方，一直经营至 20 世纪 90 年代。

在 1985 年后的老城地图上可见贡院胡同的西侧有一条较长的实胡同，也被标注为“二道街”，这条胡同本是贡院后房屋的一条通道。在清道光、同治年间，寇露滋、陈位端、沈宜之及张静渡等将创立于泽尸社中的延生社迁至贡院，每岁自冬至起至来年仲春止，接济贫苦百姓，每人日给饽饼一个。后因城内开展救施多有不便，延生社又移回城外泽尸社旧址。但这条通道因此得名“延生社胡同”，直到新中国成立后并入二道街，成为其一部分。

从此向西，在弥勒庵胡同与振兴胡同之间，路南有几栋二十世纪五六十年代建的三层或四层的居民楼。其中有一个小副食店，当地百姓一直沿用旧名，称其为“合作社”，小孩们舌头绕不开总是喊成“核桃社”。再向西不远的北侧是石桥胡同居委会的驻地，屋内总是干净利落。居委会对面，在二十世纪四五十年代曾经是个水铺，因当时住家生炉火不方便，这里出售开水。

沿着二道街继续向西，走过东门内石桥胡同不远，路北有一个大院子，这里曾是个殷实人家，姓唐，居民称其为“唐家大院”。著名钱币学家唐石父先生早年曾居住于此，唐先生著有《中国钱币学辞典》等，且收藏有不少天津城砖，并对此颇有研究。1996 年修建城厢东路，正好穿过这里，唐家大院的建筑大部分被拆除。拆房时，邻居们看见了传说中唐家藏宝的地下室，就是一个不大的地窖，早已没有什么宝贝了。

自此向西不远，路北有一条名为“裤裆胡同”的实胡同，这里在清光绪年间出了一个“大人物”。当时一位名叫张彭龄的秀才，参加了乙亥恩科乡试，并考了头一名，因此高中解元。胡同由此更名为

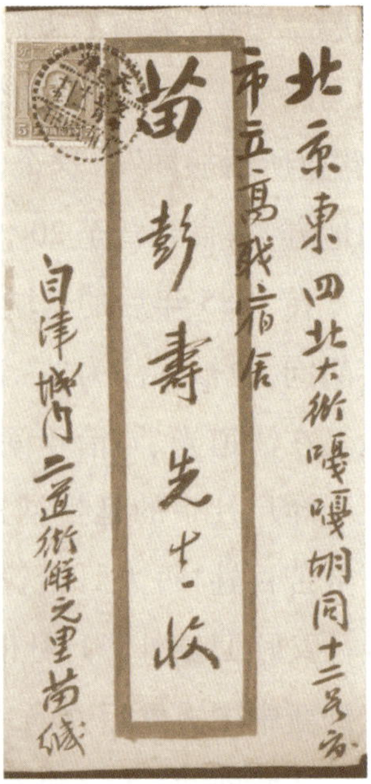

· 解元里

· 民国时期从二道街解元里寄出的信件

“解元里”，并在街口竖起了“解元里”的牌坊，让胡同中的街坊也跟着扬眉吐气了一番。

解元里一号院中曾有一棵近百年的大枣树，每到秋天满树的红枣格外漂亮，那枣树枝已伸到了旁边的大费小学。这是一所位于大费家胡同与二道街交口的小学，周围很多居民都曾是这里的学生。

· 瑞安里

在大费家胡同与东门内大刘家胡同中间，有一条实胡同，长约 62.5 米，宽近 3 米，南起二道街，至北端不通行。清光绪年间，商人赵仲三在此置地建房形成胡同，以其家堂号为此胡同命名，即“德安里”。1982 年，因重名，取“安定吉祥”之意，更名为

“瑞安里”。

沿二道街继续向西走，路南有几间平房，二道街居委会便在其中。再往西就是东门内大刘家胡同，与二道街垂直相交。过了东门内大刘家胡同，西侧不远便是“聚通恒杨家”的大院。清嘉庆初年，乾隆举人杨一昆（杨无怪）与其子杨恒占在鼓楼东廉价购置一旧宅，那便是早期的杨家大院。同治年间，盐商杨绍溪（杨一昆的曾孙）在祖宅基地上耗巨资，逐渐扩建成总建筑面积达 1 万多平方米的建筑群。

在杨家大宅院旁边，也形成了一条胡同，名为“杨家胡同”。该胡同长约 161 米，宽约 1.6 米，北起东门内大街，往南分两支，东支至二道街，西支南端不通行。1984 年地名普查时，因重名，取“安定团结”之意，更名为“安同胡同”。

·安同胡同

在清末和民国时期，二道街的西头一段名为“牛痘局胡同”，而究竟是先称牛痘局胡同再叫二道街，还是本来叫二道街后叫牛痘局又改回二道街的，还有待仔细考证。王翁如先生撰文称：“咸丰五年，津门绅士华义堂（光炜）于京师获邱浩川的《嬉牛痘略》一书，并聘请大兴人翁子庵来津，借地鼓楼南问津书院，试种牛痘成功。后由盐商王莲品先生捐出位于鼓楼南大街东侧、二道街西口内朝北的一所宅院(在盐运署后,即广东会馆后,也称运署后),创建保赤堂牛痘公局,于同治六年立碑记其经过。牛痘局接种牛痘,预防天花,收到较好的社会效果。据统计,仅民国二十年一年内接种牛痘的儿童(或婴儿),就有近八千人,天津保赤堂牛痘公局的活动至'七七事变'后终止。”

·牛痘局大门(王鹏　摄影)

在二道街这条长近一公里的街巷上,除有名人居住外,也曾有不少小厂、商铺,新中国成立前后的一段时期有近五十家,涉及缝纫、针织、帆布、日用金属、木器制造、玻璃陶器、文教用品等多种行业。

二、冰窖西面有贡院

二道街连通的22条胡同中有几条南北向的胡同也是比较长的。最靠东的是冰窖胡同,长约342.7米,宽约3米,北起东门内大街,中与二道街垂直相交,南至贡院东胡同,南端东侧有支巷通东马路,西侧与贡院后胡同相通。明朝天津三卫各有一处冰窖,这里曾是左卫

·冰窖胡同等里巷在天津老城里东南角片的位置

的冰窖,后废弃。清道光年间的《津门保甲图说》已记载有冰窖胡同的名称。

冰窖胡同中最出名的人物便是李春城。《天津地理买卖杂字》中记载:“高台阶,华家门,冰窖胡同李善人。”这李善人指的就是李春城。此人祖籍江苏昆山,六世祖李大纶于康熙年间来津,落户于天津城内户部街。后李文照(李春城之父)因搞盐务有了些积蓄,遂迁居东门里冰窖胡同。李文照共有三子,李春城最为出息。太平天国北伐军攻打天津,李春城坚守津城;英法联军第三次进攻大沽口,李春城又尽力筹设乡团。因此,李春城得到了清廷的嘉奖和重用,接办了多县的盐引。自此,李春城大修宅邸。如今的人民公园即是其当年置地所建的私家园林,新中国成立后,李春城的后代将该园林捐献给国家。不惑之年后,李春城远离官场应酬,于同治五年回天津操办“善举”,设寄生所、保生所、保贞社、御寒社,建义塾,筹款赈济灾民,放生、布施,因此被津城父老称为“李善人”。

与冰窖胡同南段相邻的是德望胡同,原称“牛家胡同”。清同治元年,天津富商牛占元在此建房形成里巷,遂名。该胡同北起二道街,南折西再转南至贡院后胡同,长约 129 米,宽约 2 米。1982 年地名普查时,取“德高望重”之意,更名“德望胡同”。在 20 世纪 50 年代前后,这里曾有经营皮革皮毛的中兴工业社,经营日用金属品的普安工业社。

德望胡同的西侧和南侧有几条名中有“贡院”的胡同,分别是贡院胡同、贡院后胡同、贡院东胡同。这里曾是天津县和天津府举行县试和府试,直隶学政举行岁试和科试的“贡院”。清初,这里原为提督学院衙门,相当于今天的市教育局,后改为贡院。此处贡院,严格地说,应称为“考棚”。因所谓“贡院”,应是省城举行乡试或京师举行会试的地方。天津自明至清是卫、州、府、县的驻地,只是到了清末,今金钢花园处才是直隶总督兼北洋通商大臣行辕。直到民国时期设置天津特别市,天津才成为省级市,而这时科举考试早已废除。因此,“贡院”只是津人的习称。戊戌变法后,科举废除,“贡院”就被闲置并逐渐荒芜。清光绪二十八年,天津成立教养局,设在“贡院”旧址,专收贫苦幼童,传授知识和工艺,设织布、印染、地毯三科,属于社会福利性质的技校。清光绪二十九年,此处设立北洋工艺学堂,开设应用化学、机器学、艺匠图绘、染织等专业。

贡院胡同北起二道街,南至贡院后胡同,长 34 米余,宽 2 至 3 米。该胡同初名“张泽水胡同”,于 1894 年改称“贡院胡同”。

贡院后胡同长约 240 米,宽约 3 米,东起冰窖胡同,西至辛家胡同,北侧与德望胡同、贡院胡同、史家胡同相通,且有一支巷,至北不通行,南侧与头道沟胡同、更张胡同、二道沟胡同相通。贡院后胡同形成于清光绪十九年,因位于“贡院”后方,故得此名。

贡院东胡同,为数条里巷纵横交错形成的一组胡同,统称“贡院东胡同”,占地约 7141 平方米。东起东马路,西至草厂庵小学,南至草厂庵小学分校,北至贡院后胡同。此地本是清代考生等候点名的学棚和考试的考棚。科举废除后，这一带逐步建房形成胡同里巷。

在清朝，“贡院”的南面曾是一个名为水月池的大坑，是城内排污、泄洪用的池子。在“贡院”西侧有两条南北走向用于排污的暗沟通向水池，并从葫芦罐流入护城河，靠东的水沟于清同治年间被填平，建房形成胡同，起名“头道沟胡同”。该胡同北起贡院胡同，南转西至东南角曹家胡同，中段西侧有巷口通更张胡同，全长约 118.5 米，宽约 3 米。

· 二道沟胡同

靠西的另一条水沟于 1901 年天津城墙拆除后被填平，逐步建房形成胡同，起名“二道沟胡同”。二道沟胡同比头道沟胡同要长要宽，长约 160.9 米，宽约 5.7 米。该胡同北起贡院后胡同，南至东南角曹家胡同，东侧与更张胡同相通，西侧有一分支通辛家胡同。

史家胡同，长约 104.5 米，宽约 2 米，北起二道街，南至贡院后胡同，曾名“大粪胡同”，清代始建。因名称不雅，于 1912 年更名为“史家胡同”。

头道沟胡同与二道沟胡同之间，有一条由北至南的倒“丁”字形胡同。该胡同形成于清光绪年间，因张某最早在此建房，所以起名为“张家胡同”。1984 年地名普查时，因重名，寓“更改”之意，改名为“更张胡同”。该胡同长约 39.1 米，北起贡院后胡同，南转东至头道沟胡同，南转西至二道沟胡同。

三、石桥胡同分南北

·东门内石桥胡同等里巷在天津老城里东南角片的位置

史家胡同的西边有一条与它平行的胡同，名为“东门内石桥胡同”。该胡同长约359.3 米，宽约4 米，北起东门内大街，南至河营前胡同，中与二道街相交，东侧通济生社胡同，西侧与河营后胡同相通。明代这里有一条水沟，由东门内宣泄污水至护城河，沟侧有零星住户，沿途有石桥三座，俗称“石桥胡同”。至二十世纪八九十年代，胡同中还可见到有闲置的大条石。清道光年间的《津门保甲图说》已载“石桥胡同”之称，1982 年地名普查时，因重名，改为“东门内石桥胡同”。

因东门内石桥胡同北起东门内大街，穿过二道街向南，当地居民便以二道街为界，北边一段称“北石桥”，南边一段称“南石桥”。这条胡同中多有名人居住，也有商铺林立。胡同的北口西侧曾有天津衬衣厂，这里曾是华世奎故居的一部分。清末民初，胡同中曾有金云墀创办的庆德当铺；河北梆子著名花旦演员金宝环也曾住在“北石桥”，二十世纪五六十年代，每当金宝环下班回家，经常有胡同中的小孩起哄：“金宝环唱一个！金宝环唱一个！”

“北石桥”靠近二道街的位置，东门内石桥胡同 16 号（曾为 12 号）在二十世纪四五十年代曾有一家响云无线电行，店主名为苗润畴，生于 1917 年，早年大学毕业后，曾在日伪时期的建设总署供职。但苗润畴并不愿为日寇做事，工作两年后就放弃高薪职位，辞职回家，凭着自己业余学来的技术，开办了这家无线电行，并自己编著教材，招收徒弟，在业内有一定影响，邻居们尊称其为“苗先生”。新中国成立后，20 世纪 50 年代公私合营，无线电行并入了南开区修配公司，

·东门内石桥胡同（北部）

之后,苗润畴除了正常工作外,继续潜心科研、传业授徒。20世纪60年代初,苗润畴曾研制出手持式无线通话设备,使用该设备,可在一两公里之内进行通话。这在当时是了不起的事情,那时能够便携的步话机和手机都还没有出现,而西方国家的手机是在20世纪70年代后发展起来的。20世纪80年代,苗润畴与徒弟宋廷琥一起攻克技术难关,经过近5年时间,研制出了高稳定性的“零点仪”,为工业生产提供了精准可靠的度量标准仪器,从而填补了当时国家在这方面的空白,并于1985年4月1日,《中华人民共和国专利法》实施当天,获得了国家专利,是新中国成立后天津最早的专利之一。《天津日报》曾以“七旬老叟获国家专利”为题进行专门报道。

·响云无线电行于1948年10月22日在《民国日报》上刊登的广告

在二道街与“南石桥”的交口处,曾有一家名为“顺利成”的猪肉铺,其东家王子和曾是天津市猪肉业同业公会会长,其后代一直居住在该处,直到2003年老城改造。在“南石

·东门内石桥胡同(南部)

桥”向南的尽头，有一处建于民国时期的公共厕所，一直服务于当地居民，直到2000年之后拆除。

东门内石桥胡同与史家胡同之间有几条纵横交错的胡同，为辛家胡同、季家大院、中公所胡同、济生社胡同。

·辛家胡同

辛家胡同形成于清道光年间，最早由辛氏人家在此建四合院，称辛家大院，后此处逐步建房形成胡同，称“辛家胡同”。胡同长约143.5米，宽近5米，南起季家大院，东侧通二道沟胡同和贡院后胡同。胡同中曾有玉立成家庭工业社等。

辛家胡同的西侧和南侧均与一组里巷相连，便是季家大院。季家大院原为关帝庙前一片空旷地区，官绅季某于1894年在此建宅院，后逐渐造屋成为居民区，地名为“季家大院”，沿用至今。季家大院是由一条主干线及五条分支组成的片状居民区，东起辛家胡同，西至济生社胡同，南起丁公祠小马路，北面不通行，占地约3854平方米，曾有居民180余户。除了季家在此建房，有据可查的还有张凤元、周捷、刘锡琴、王嘉宝、孙李氏、姚文升等都曾在此地置地或建房。1956年前，曾有制作布夹子的珍记号在此经营。20世纪80年代，天津市自行车劳动服务公司招待所曾在此地。

季家大院往西，石桥胡同以东，有两条纵横交错的胡同，一为中公所胡同，一为济生社胡同。

中公所胡同的名称源于清朝乾隆年间在此修建的“中公所”。“公所”乃理门之公所，世传理门又称理教，为明崇祯年间羊宰在京

· 中公所胡同

东蓟州（今天津蓟县）所创。理教以公理为本，即信仰“儒释道三教之理”“奉佛法之法，修道教之礼”“正心修身”“克己复礼”。理门于清乾隆年间传至津城，并于西头（今红桥区内）建“老公所”，狮子林大街（今河北区内）建“东公所”，城厢内建“中公所”，发展弟子，亦有公善堂。中公所创办后，其附近逐渐建房，于清道光年间形成胡同，称“中公所胡同”该胡同北起济生社胡同，南至季家大院，中段东侧分支至季家大院，西侧分支至东门内石桥胡同，全长约150米，宽约2米。

与中公所胡同紧连的是济生社胡同。清光绪年间，李某在此建房形成胡同，因巷内有慈善团体济生社，故而得名“济生社胡同”。该胡同南起中公所胡同，至北端不通行，中段西侧与东门内石桥胡同相通，长约158.3米，宽约2米。

· 济生社胡同

四、卢杨往西弥勒庵

· 东门内卢家胡同等里巷在天津老城里东南角片的位置

冰窖胡同北段的西侧有一条曲折向西的胡同，名为“东门内卢家胡同”，这条胡同是城中较为古老的胡同。清顺治年间，卢某在此建房形成里巷，名为“卢家胡同”。该胡同北起东门内大街，至南端不通行，全长约 220 米，宽约 2 米。1982 年地名普查时，因重名，改称“东门内卢家胡同”。

· 东门内卢家胡同（刘冬　提供）

与东门内卢家胡同的西头相通的是弥勒庵胡同。明万历年间，此处逐步建房形成里巷，因胡同中原有一座弥勒庵而得名。该胡同北起东门内大街，南至二道街，东侧与东门内卢家胡同相通，全长约225.8米，宽约3米。

· 弥勒庵胡同

弥勒庵胡同的西端与南北走向的振兴胡同相通，成为丁字路口。振兴胡同本名“狮子胡同”，建于清道光年间，因巷口原有一石狮子而得名。1982年地名普查时，因重名，取“振兴中华”之意，更名为“振兴胡同”。该胡同南起二道街，至北端不通行，东侧通弥勒庵胡同，长约58米，宽约3米。

· 振兴胡同

在弥勒庵胡同与东门内大街交口东侧有两条实胡同，名为“杨家大门”和“权家大门”，这两条短巷皆为东门里杨家大宅的故地。据《志余随笔》记载：“乾隆壬午，武举杨秉钺居东门内，宅有园曰萧闲，俗谓杨家花园者也，非南门外之杨家花园。”另据《南开区地名志》记载，明朝末年，巨户杨勃在此建房形成东西两条胡同，并在巷口安装两扇大门，西巷名“杨家大门”，东向属其次子杨绍权，故以“权”字命名，即“权家大门”。虽然两种说法并存，但杨家花园早已圮废却是事实，后改为问津行馆。清同治年间，直隶“筹赈总局”于东门内问津行馆设立。清光绪年间，北洋通商大臣李鸿章奏准筹设津沪电报线时，在天津成立官办的天津电报总局，委派盛宣怀为总办，上海设分局。这是中国第一个电报局，也是天津乃至中国近代通信事业的起点，地址就在东门内问津行馆。1881年11月津沪线完工，1882年清政府将该电报局改官办为官督商办，盛宣怀任督办。1884年，“中国电报总局”迁往上海，此地成为天津电报东局，因居市中心，报务繁忙，民国初期迁至宫北街。

五、草厂庵旁清修院

·草厂庵胡同等里巷在天津老城里东南角片的位置

“贡院”以南的水月池（城内泄水坑）旁，在明代曾有一座白衣庵，据《天津卫志》记载，“白衣庵在城内草厂东南角”，故后人把草厂和白衣庵混成为“草厂庵”了。久之，城东南的这座白衣庵倒被人们所遗忘。清乾隆年间，这里真正修建了草厂庵观音大士禅林。清同治十三年，有人将附近的水坑填平一些，建成民房，形成了草厂庵大街。

草厂庵胡同，初名“草厂庵大街”，北起草厂庵小学，南至南马路，北段向西有分支通清修院胡同，东侧通如意胡同，全长约 220 米，宽约 3 米。清光绪年间，袁世凯督直时（袁世凯当时任直隶总督兼北洋大臣），曾命周学熙在此筹办直隶工艺总局，此为天津实业的起点。辛亥革命时，由北方革命协会成立的“北方革命军总司令部”曾在草厂庵组织过一次起义，因故失败。1919 年“五四运动”时期，马骏、周恩来、邓颖超、郭隆真等领导的“天津学生联合会”旧址，即在该胡同西侧的二层西式小楼内，爱国学生组织“觉悟社”的成立大会便在这里举行。1910 年，官立第九女子小学堂在此胡同中成立，后几经变迁，于 1960 年更名为“草厂庵小学”。又有“李善人”于同治年间回到天津后，在草厂庵设立寄生所，每年从冬至到来年春分收养无依无靠赤贫男子六七百人。拆迁前，胡同南口与南马路相交的地方是一家很有名的早点铺，每天自己架油锅炸馃子，一到清晨食客们便慕名而来，早早地排起了长队，为的是早一点吃上酥脆的馃子。

· 1943 年 8 月 28 日，《庸报》刊登的草厂庵立正学园招生广告

自草厂庵胡同东侧至东马路之间，有草厂

庵东胡同、如意胡同、嘉庆胡同、心义堂胡同。

草厂庵东胡同形成于清光绪1901年。此地大部分原为天津城内东南隅的水月池。1900年八国联军入侵，翌年拆除城墙、平整城基，填垫水月池，建房形成里巷，因此处位于草厂庵东部而得名。该胡同南起南马路，北至嘉庆胡同，西起心义堂胡同，东至东马路，纵横交错形成区片，占地约6303平方米。

如意胡同、嘉庆胡同，因位于城墙根下，均曾名“城根胡同”，为明代就有的胡同。1901年，天津城墙拆除后，城根胡同与东马路相通，一部分改名“如意胡同”，东起东马路，西至草厂庵胡同，全长约179.5米。另一部分，以“祥兆”之意，取名“吉祥胡同”，南至草厂庵胡同，东侧有一分支，长约64米。1982年地名普查时，因重名，取“祥兆嘉庆”之意，更今名。

心义堂胡同，因巷内原有理教的心义堂公所而得名，长约75米，宽约3米，南起南马路，北至草厂庵胡同。该胡同原为水月池的一部分，1901年城墙拆除后被填平建房，形成胡同。

· 草厂庵胡同、如意胡同等里巷俯瞰图

草厂庵胡同西侧，经清修院胡同，通东南角曹家胡同。

清修院胡同，形成于1872年，因巷内原有清修院而得名。该胡同东起草厂庵胡同，往西折北再转西至东南角曹家胡同。长约169.6米，宽约2.4米。关于清修院的由来，历来有两种说法：一种说法认为，天津盐商李春城（李善人）在此建家祠，名清修院。另一种说法认为，清修院是一个慈善组织，据《津门纪略》载："清修院在城内东南隅，邑绅捐立。收养残废贫民，兼有戒烟所。"《津门杂记》也指出："清修院，收养残废，周济困旅，皆绅士备之。"清末，天津民间兴办各种慈善组织，这是天津当时的社会风气。1933年，当时已下台的前北洋政府总理靳云鹏将清修院改为"居士林"（清修院胡同10号），自任林长，孙传芳任副林长，居士林一时成为那些下野、寓居津门的军政寓公们"皈佛诵经"的处所，陆续参加活动的达三千多人。1935年11月13日，孙传芳被仇家刺杀于居士林佛堂。经此一事，来此礼佛之人锐减。直到1940年，倓虚法师受邀来天津宣讲《楞严经》，居士林才渐渐恢复了往日的活动。靳云鹏去世后，居士林于1952年关闭，后遭破坏，又曾被改为街办工厂。1982年，南开区人民政府将工厂迁出，重修了居士林，逐渐恢复了佛事活动。2002年，居士林原址拆迁改造，搬迁至鼓楼东街与城厢东路交口附近的原姚家大院处。

·清修院胡同 （张强 摄影）

东南角曹家胡同，南起南马路，北与头道沟胡同、二道沟胡同、季家大院三巷交会，南段东侧与清修院胡同相通，西侧有支巷通丁公祠小马路。全长约190 米，宽约 4 米。1901 年，天津城墙拆除，由营造商曹剑秋包工，在此建房形成胡同，名“曹家胡同”。1984 年地名普查时，因重名，更名为“东南角曹家胡同”。

六、东南角有丁公祠

· 丁公祠胡同等里巷在天津老城里东南角片的位置

穿过东南角曹家胡同中部的小支叉，便是西侧的“丁公祠”。这一带之所以称为丁公祠，是因为此地曾有丁寿昌祠堂。丁寿昌乃淮军将领，清同治年间，天津民众与教会发生冲突，他奉命率领四千淮军进驻天津。光绪四年，丁寿昌署津海关道，补直隶按察使、布政使。光绪六年，丁寿昌在任上去世，光绪皇帝颁旨为其设立祠堂。丁公祠落成后，周边逐渐形成了丁公祠小马路、丁公祠前胡同、丁公祠胡同、卢阳西里、卢阳西里二条等几条胡同。

· 丁公祠胡同及周边胡同俯瞰情况

丁公祠胡同，南起南马路，北至河营前胡同，中与兴国里、丁公祠前胡同相交，北段西侧通卢阳西里，长约141.3米，宽约4米。因丁公祠坐落在此巷，故名。

丁公祠前胡同，东起丁公祠小马路，西至晒米厂小马路，自中段往西分别与丁公祠胡同、卢阳西里二条、晒米厂东胡同相交，北侧有二分支，东支巷至北端、东端不通行，西支巷通丁公祠胡同。该胡同长约208.6米，宽约5.2米，因位于丁寿昌祠堂遗址前方，故名。20世纪50年代，胡同内曾有林记木样铺、庆记制本工厂、利通实业社等。

丁公祠小马路，北起季家大院，南至南马路，长约177.3米，宽约3米。丁公祠建成后，该地建房形成短窄道路，故名丁公祠小马路。20世纪50年代，胡同内曾有高记服装店、林昌机器铁工厂、光明烤喷漆工厂等。20世纪80年代，胡同内有副食店、粮店、肉店等。

卢阳西里，东起丁公祠胡同，西端不通行，长约20米，宽约2.1米，有居民16户。清光绪年间，该地建有卢阳公所，其西侧逐步建房形成里巷，故名“卢阳西里”。

卢阳西里二条，南起丁公祠前胡同，北端不通行，长约78米，宽约2.3米。其东侧有卢阳西里，按东西方向顺序排列命名。

丁公祠建成后，其南部逐渐建房形成胡同，较长的是东西向的兴国里，长约116米，宽约5.8米。清光绪年间，安徽人孔某在此建房出租，取名“光裕里”。1984年地名普查时，因重名，取“振兴国家”之意，更名“兴国里”。该胡同东起丁公祠小马路，西至葫芦罐胡同，北侧由东向西分别与大三乐里、三乐西里、丁公祠胡同、康庆里相通。

大三乐里，清宣统年间有孔、段、周三家在此置地建房，形成胡同，取“三家和乐”之意，将该胡同命名为“三乐里”。1984年地名普查时，因重名，改称“大三乐里”。

三乐西里，南起兴国里，至北不通行，长约45米，宽约2.6米。1927年有富商王泽甫在此置地建房，形成里巷，因位于大三乐里西侧，故名。

康庆里，东起丁公祠胡同，西至葫芦罐胡同，长约38.6米，宽约3米，中段南侧有两个分支，均通兴国里。清光绪年间，李鸿章后裔在此置地建房五十余间出租，以其家堂号“余庆堂”将该胡同命名为“余庆里”。1982年地名普查时发现重名，因而更名。

七、姚家水月晒米厂

民以食为天，过去在天津老城东南角片就有这么一处关乎当时百姓口粮的地方，名为“晒米厂”。明宣德年间，天津城内东北隅建

·水月庵胡同等里巷在天津老城里东南角片的位置

有仓廒，存放漕粮。每到春秋两季，漕粮运抵天津，入仓前，先运到晒米厂通风晾晒，然后再进仓。明末，李自成占据北京时，天津仓厂被焚毁，晒米厂逐渐荒废。从清朝初年，这里开始建起住宅，形成居民区，因曾为晒米的场地，故以“晒米厂”命名。这周边的地名为晒米厂、晒米厂东胡同、晒米厂小马路。

晒米厂，东起更宏胡同，西至大费家胡同，南起晒米厂小马路，北至关帝庙胡同，占地约9319平方米。

晒米厂东胡同，北起河营前胡同，南至丁公祠前胡

·晒米厂小马路

·晒米厂42号门牌（王鹏　提供）

同，长约69米，宽约2.7米，因位于明代晒米厂之东侧，故名。

晒米厂小马路，因位于晒米厂旁，运粮车马往来频繁，于1662年前后形成道路，名“晒米厂小马路”。晒米厂小马路10号院曾是一座基督教安息日会的小教堂，20世纪50年代初还有信徒在此接受洗礼，1956年后改为六一幼儿园。

晒米厂的南面曾是老城东南隅向护城河排放污水的水月池，经城墙通往城外的通道为水门，此处水门形似葫芦，因此名为“葫芦罐”。1901年城墙拆除后，此处填平水坑，建房形成胡同，仍称为“葫芦罐”。1984年地名普查时改名“葫芦罐胡同”。该胡同的走向为“V”字形，南起南马路，北转西至晒米厂小马路，再折向西南，分西、南两口，西口通南门东姚家胡同；南口临近南马路的位置曾有个木质的过街楼，也算是当地的一个地标了。

· 南门东姚家胡同

1901年，天津城墙拆除后，晒米厂小马路西侧逐渐建房形成胡同，因官吏姚某最早在此居住，故名“姚家胡同”。1982年地名普查时，因重名，改为“南门东姚家胡同”。该胡同南起南马路，北至晒米厂小马路，西侧与水月庵胡同相通，南端东侧与葫芦罐胡同相连，长约122.1米，宽约3米。姚家院落规整，砖雕精美，曾是区级文物保护单位。

姚家胡同周边曾是老城东南隅的水坑，名曰“水月池”，盖因池旁有一水月庵。此庵建于明朝末年，是天津城内较大的道观。位于

·水月庵胡同

·旧县署后街

庵前的这条胡同，称“水月庵前胡同”。清光绪年间水月庵被拆除后改建成民房，“水月庵前胡同”改称“水月庵胡同”。该胡同长约162.3米，宽约3米，北起晒米厂小马路，南转东至南门东姚家胡同，东西两侧有分支，分别通向南门东姚家胡同和健德里。

1902年，袁世凯将天津县衙迁至水月庵西侧，民国成立后不久又搬走，前后仅10年左右的时间，但“旧县署后街”和“旧县署西箭道”两个地名却沿用下来。

旧县署后街，清光绪年间建房形成胡同。长约158.3米，宽约4米。东起晒米厂小马路，西至东门内大刘胡同，北侧与王店前胡同、王店胡同、香店西胡同、香店胡同相通。

旧县署西箭道，清光绪年间建房形成胡同。该胡同北起旧县署后街，南至南马路，东侧与俊业里、松柏巷、瑞庆里相通，长约158.3米，宽约 4 米。

·旧县署西箭道

进入民国后，天津县署的房子于 1912 年拨予天津第一初级审判厅使用，后来天津法院迁来。新中国成立后，天津市中级、高级人民法院均曾坐落于此。如今此地仍为天津市第一中级人民法院驻地。

法院两侧，在民国初年，曾有多个房产主于此置地建房，形成了西侧的瑞庆里、松柏巷、俊业里，东侧的健德里。

瑞庆里，1917 年，房产主窦庆圭在此购地建房形成里巷，取名“庆善里”。1982 年地名普查时，因重名，以“祥瑞喜庆”之意，更名为“瑞庆里”。该胡同西起旧县署西箭道，东端不通行，长约 36 米，宽约 2.7 米。

松柏巷，1917 年，商人李泽生在此置地建房形成胡同，以其家堂号“松柏堂”命名。该胡同西起旧县署西箭道，东端不通行，南侧有两分支，南端亦不通行，长约 80 米，宽约 4.2 米。

·健德里

俊业里，1912 年，房产主于宏俊在此置地建房，形成里巷，以其家堂号命名。该胡同西起旧县署西箭道，东端不通行，长约 40 米，宽约 4.25 米。

健德里，1917 年，房产主肖德浦在此置地建房，形成里巷，以其家堂号命名。该胡同北起旧县署后街，南至南马路，东侧通水月庵胡同，长约 101 米，宽约 4 米。健德里 2 号是建校于 1917 年的南善堂小学，后曾更名为私立民生小学、积善小学、七区第九小学、二区第七小学、城厢区旧县署后小学等，1958 年更名为旧县署街小学。

八、河营衙门关帝庙

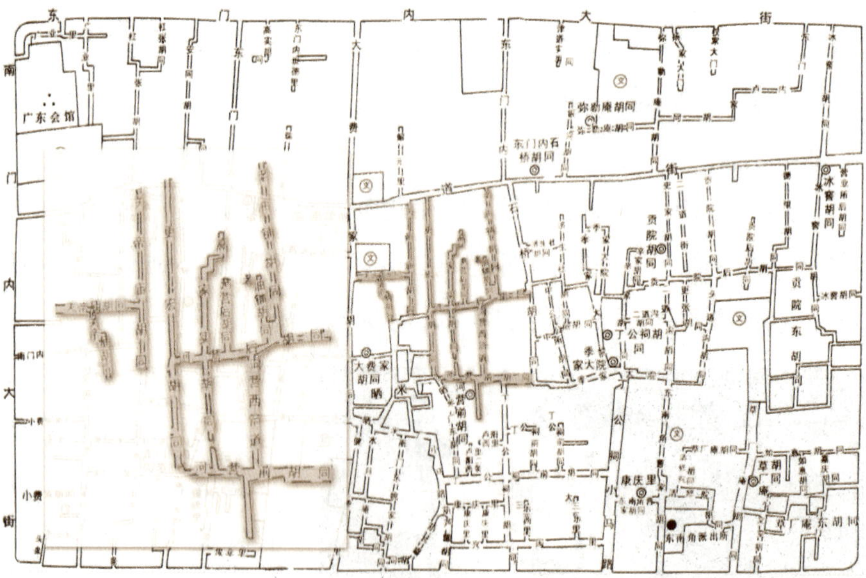

· 河营西箭道等里巷在天津老城里东南角片的位置

天津卫为九河下梢，毗邻三岔河口，河流众多，往来事务繁忙。清廷为维护天津城厢附近河流的防务、安全、交通等，设置了河营守备公署，这是直隶河道总督的下辖官衙门，为正五品。据史书记载，这座衙门位于城内季家大院，具体位置在石桥胡同南端路西，其周边衍生出三条与之有关的胡同。

河营前胡同，清同治年间建房形成里巷，因位于原天津河营守备公署前方，故名。该胡同东起季家大院，西至晒米厂东胡同，东端北侧通东门内石桥胡同，中段北侧通河营西箭道，南侧通丁公祠胡同，长约129米，宽约5.8米。

河营后胡同，清同治七年建房形成里巷，因位于原天津河营守备公署后面，故名。该胡同东起东门内石桥胡同，西至更宏胡同，北侧与老油铺胡同、高家实胡同相通，南侧与河营西箭道相通，长约150米，宽约2.2米。

·河营后胡同

河营西箭道，原为空旷地，清道光年间年开始建房，逐步形成里巷，因位于原天津河营守备公署西侧，故名。该胡同北起河营后胡同，南至河营前胡同，长约60米，宽约1.4米。

·河营西箭道

河营守备公署北侧到二道街之间，在清代初期空地相对较多，在河营守备公署西面不远，清道光年间曾有一座关帝庙，据传香火很旺。后其周围逐渐盖起房屋，形成了几条南北走向的胡同。

关帝庙胡同，长约206.5米，宽

约 1.5 米，北起二道街，南至晒米厂，中段有分支：向西至大费家胡同，向南至晒米厂。20 世纪 50 年代，关帝庙胡同 13 号院曾有制作帽子的双秀工业社；20 世纪 80 年代，南开区烫金纸制品厂曾在该巷内。

· 更宏胡同与二道街交口处

在关帝庙胡同东侧有一条与之平行的胡同，名叫“大胡同”，这和东北角外的大胡同可不是一回事。这里始建于1873 年，1982 年地名普查时，因重名，取“除旧更新，光明宏达”之意，更名为“更宏胡同”。它北起二道街，南至晒米厂东胡同，中段东侧通河营后胡同，西侧通关帝庙胡同，长约 155 米，宽约 2.4 米。

更宏胡同的东侧有一条历史悠久的实胡同，相传形成于明永乐年间，因姓高的人家最早在此居住，故称“高家实胡同”。此胡同长约 93 米，宽约 2.4 米，南北两端均不通行，中间与河营后胡同十字相交。巷内曾有复华文具工厂、共和鞋作坊。

· 老油铺胡同

老油铺胡同，长约 158 米，宽约 2.5 米，南起河营后胡同，往北分长短两支：东支长，北通二道街；西支短，至北不通行。清光绪年间，张姓人家在此地开设油铺，于油铺附近建房形成胡同，命名为“油铺胡同”。1982 年地名普查时，因重名，更名为“老油铺胡同”。

九、大费家和探访局

· 大费家胡同等里巷在天津老城里东南角片的位置

自关帝庙向西，又是一条建于明代的胡同——大费家胡同。据李世瑜先生介绍，天津设卫初，天津卫左所有个原籍浙江嘉兴的千户，名叫费胜，他是随军调到天津卫的。当时，他就住在这条尚不知名的胡同中，起初胡同被命名为“费家胡同”。后来费胜的子孙后代沾了明代卫官可以世袭并升迁的光，世代荣升，于是在“费家胡同”名字前面冠以“大”字，演变成了“大费家胡同”。再后来，费胜的后人分了家，于清朝康熙年间搬到了南门里的另一条胡同，那条胡同就被命名为“小费家胡同”。

· 大费家胡同

大费家胡同长约362米，约宽4米，北起东门内大街，南至旧县署后街，中与二道街相交。

巷内有深宅大院三处，西侧有两幢二层楼房，余为砖木结构青砖平房。

大费家胡同45号曾是大费家胡同小学，1940年建校，初为警察子弟小学，1945年改为101小学，之后几经更名，1960年改名为大费家胡同小学，直至2000年后老城改造迁走。20世纪50年代之前，胡同中还有友达工业社、芳记家庭缝纫社、力生文具工厂、蕙苓家庭缝纫社、新华酱油坊、新中工业社、泰记橡胶工业社、华昌橡胶工业社、开记工业社、义和成木工厂、淑珍家庭工业社、华兴缝纫社等多家手工业厂铺经营。20世纪50年代后，大费家胡同34号为东南角街道办事处,36 号为东南角房管站,几经更名,至 2003 年改造前分别为鼓楼街道办事处、鼓楼南房管站。

· 探访局胡同

鼓楼南房管站的旁边是探访局胡同,东起大费家胡同,西至王店胡同,长约 64.5 米,宽约 2.5 米。该胡同形成于清朝宣统年间,因胡同中曾有探访局而得名。探访局胡同 1 号曾居住过天津四大书法家之一孟广慧。

大费家胡同的南部东侧通香店胡同。清光绪年间,张某在此建房开设香店,因周边寺庙、官宦、富商较多,生意颇为兴隆,后逐步形成胡同,称“香店胡同”。该胡同南起旧县署后街,至北不行,长约 95 米,宽约 3.4 米。

香店胡同北头东侧,一处宅院的大门楼上,民国初年曾悬挂着一块大匾,上书“万众戴德”。这座宅院,便是杜笑山的旧宅。杜笑山名宝贤,其兄杜宝桢字筱琴。兄弟二人以慈善业闻名天津,他们的父亲原是天津道管理库银的官吏。杜笑山曾在天津警察厅做过事,因犯案被撤职后,在大费家胡同南口的水月庵里办了一个

· 香店胡同

慈善团体，称“体仁南善社”，简称“南善堂”，按月发给守节孀妇每人一至二元的抚恤金，同时还施送成药，发放破旧棉衣以及一些临时性的急赈，并聘请沈琢如、李吉甫、宁紫垣、范竹斋、王竹林、卞月亭、赵元礼、高星桥等为董事。仰仗靠山杨以德及后来的褚玉璞，南善堂越做越大，并于1926年把天津的北善堂、崇善东社、引善社、公善社、备济社、济生社、体仁广生社等慈善团体合并到了一起，起名“八善堂”。当时连年战乱，逃到天津的灾民数量激增。八善堂虽救济了不少灾民，但杜笑山也利用了这个机会名利双收。1927年发生的一桩案件让杜笑山丢掉了性命。这一年，一位叫白宗魏的画家怀揣诉状跳楼自杀了，经与杜笑山互有芥蒂的天津警察厅长常之英查实，是杜笑山帮助褚玉璞之弟褚玉凤霸占了白画家的妻子，迫于杜笑山的威胁，白走投无路跳楼自杀。常之英将事情原委告知刚刚打了败仗回来的褚玉璞，褚一怒之下，下令枪毙杜笑山，常厅长立即予以执行，杜笑山老宅门楼上的大匾也被摘了下来。杜笑山死后，八善堂随即瓦解，其存款余粮，由华世奎领衔成立的华北义赈会接管，原南善堂由赵元礼接管，改为积善社。

香店胡同西侧则有香店西胡同，长约95米，宽约3.4米。1905年起，此处逐步建房形成胡同。该胡同南起旧县署后街，至北不通行，西侧通王店胡同，东侧与香店胡同相连。

王店胡同，长约153米，宽约2米，北起探访局胡同，南至旧县署后街，中段东侧分支通香店西胡同，西侧分支通王店西胡同。清同治年间，王意德在此建房形成里巷，称“王店胡同”，南端原为实口，后将实口开通，称“通达里”。1950年，两条胡同合并，统称为“王店胡同”。据王翁如考证，著名小说家刘云若故居和天津近代著名书法家王坚白故居，均在该巷内。刘云若，字渭贤，1903年出生于天津，曾为《北洋画报》编辑、《商报》副刊主持、《商报画刊》主撰等。刘云若一生笔耕不辍，经常为四五家报社写连载小说，是天津旧体章回小说家，曾著有《春风回梦记》《情海归帆》《红杏出墙记》《小扬州志》《旧巷斜阳》《粉墨筝琶》《云破月来》等，1950 年 2 月 18 日在天津去世。王坚白，1901 年出生，名锡珩，以字行，晚号老坚，室名钟不惑斋，早年入南开中学求学，复转省立一中（今铃铛阁中学所在地），毕业后终生从事教育事业。其家为津门望族，自幼学习书法，数十年未曾中断，家中收藏旧帖古拓极丰，初习二王，继学钟繇、虞世南，后学草书，又师从陈嚣洲学章草。其书法作品以大草、章草为主，1988 年去世。

王店胡同西侧有一条稍短的胡同，清宣统年间建房形成胡同，因位于王店胡同的前方，故名王店前胡同。该胡同北起利公里，南至旧县署后街，西侧与东门内大刘胡同相通，东侧与王店胡同相连，长约 124.5 米，宽约 3 米。

· 王店前胡同

· 王店前胡同路牌

王店胡同与王店前胡同的北头，有一条带拐角的胡同，名“利公里”。该胡同始建于清光绪年间，因赵姓人家最早在此建房居住，故得名“赵家大院”。1984 年地名普查时，因重名，更名为“利公里”。

在大费家胡同北端，沿东门内大街向西走不远，有两条实胡同，分别是东门内世德里和高实胡同。

东门内世德里，形成于清朝道光年间。原有李姓人家在此拥有七处宅院，后转卖。取“世有令德”之意，命名为“世德里”。1982 年地名普查时，因重名，更名为“东门内世德里”。该胡同北起东门内大街，至南不通行，东侧有一分支，至东亦不通行，长约88米，宽约2.8米。

高实胡同，此胡同虽短小，但年代久远。明永乐年间，有高某在此建房居住，因胡同南端为实口，故名“高家实胡同”。1982年地名普查时，因重名，改名“高实胡同”。该胡同北起东门内大街，向南转西不通行，长约29米，宽约2.5米。

十、大小刘家与屈家

· 东门内大刘胡同等里巷在天津老城里东南角片的位置

在大费家胡同西侧，又是一条南北走向的胡同，它比大费家胡同长一点，名为“东门内大刘胡同”。该胡同起源于明代，王翁如先生曾撰文指出，该胡同名称的来历有三种说法：一是明代这里曾住着一位刘姓的官员，故称“大刘家胡同”；二是清道光年间，有刘某在此建房形成胡同，因该胡同长且宽，故名“大刘家胡同”；三是俄商萨宝石洋行买办刘某在此居住，故名“刘家胡同”。刘家胡同有大、小之分。1982 年地名普查时，因重名，更改为“东门内大刘胡同”。

东门内大刘胡同长约 457 米，宽约 3 米，北起东门内大街，中与二道街相交，南至南门东三条，西侧分支通荣家胡同，东侧分支通王店胡同。这条胡同在天津城很是有名，《津门保甲图说》中记载的韦陀庙就在东门内大刘胡同口。韦陀庙不大，但香火极盛，而且这一座庙中供奉着两尊韦陀，很是罕见。后来，小庙改为义塾，又改为民居。供奉韦陀的小殿在 20 世纪 80 年代还保留着。

· 东门内大刘胡同

东门内大刘胡同中曾住过不少名人，记载比较清楚的，一是曾任广东、浙江和山东巡抚的梁宝常，家住胡同的北口。梁宝常乃进士出身，鸦片战争时期，梁宝常负责沿海各省的军队调度，写过许多反映当时情况的奏折，留下了宝贵的历史资料。1848 年，梁宝常回天津，也曾和林则徐有通信往来。1853 年，其在天津任职期间，成功堵截了北伐的太平军，朝廷赏其布政使衔。1857 年，梁宝常病逝。

二是中国著名的殷墟文字学家王襄。1900 年，八国联军攻占天津城时，其孙家胡同老宅被炮火击中，王襄与其弟王钊被迫搬到东门内大刘家胡同。王襄是最早鉴识和研究甲骨文的学者之一，著有《簠室殷契类纂》等。新中国成立后，王襄任天津文史研究馆首任馆长，1965 年病故，其所藏文物悉数由家属捐给国家。

东门内大刘胡同长近五百米，除了名人故居外，还曾有不少商铺作坊，譬如服装、缝纫业的妙睛缝纫社、荣华家庭工业社等，日用五金、木器业的立文合记工业社、大星木工厂、胜利雕刻社等，制鞋业的聚信鞋厂、大成鞋作坊、和成鞋作坊等。

以二道街为界，与东门内大刘胡同南段西侧紧邻的是荣家胡同。清光绪年间，官吏荣某在此建起两所宅院，附近逐步建房形成胡同，人称“荣家胡同”。该胡同北起二道街，向南转东至东门内大刘家胡同，转西至小屈家胡同。胡同长约 310 米，宽约 3 米。

天津最早的私立女子学校——普育女子学堂就曾位于荣家胡同。1905 年，著名教育家温世霖先生在荣家胡同创办了这所学校，由当年已年过花甲的温母徐肃静女士担任该校首任校长。普育女子学堂建立后，徐校长在校内“禁止妇女缠足蓄发”，并组织了“妇女救国演说团”。每逢周日，她亲自带队到鼓楼和西马路一带宣讲。徐校长去世后，孙中山先生称誉其为“民国贤母”，并赠亲自题写的匾额一块。1906 年，因生源增多，普育女子学堂迁到了鼓楼东沈宅东院。同一年夏

· 荣家胡同

天，学校再次迁到鼓楼西的板桥胡同火神庙内。

20世纪50年代初期，曾有多家商铺在荣家胡同中经营，如针织、缝纫业的振武工业社，制鞋业的林源号和文教用品业的星华工业社等。

荣家胡同再往西，距南门内大街就不远了，这之间则有大小屈家胡同和杨树胡同。

大屈家胡同，形成于清道光年间，因有屈姓人家居住，故名“屈家胡同”。清宣统年间，富商屈元峰在此建起大宅院，更名为“大屈家胡同”。该胡同北起二道街，向南转东至小屈家胡同，中段西侧通杨树胡同，长约160米，宽约2米。

大屈家胡同旁是小屈家胡同，长约250米，宽约2.7米，北起二道街，南至小费家后胡同，中段西侧有巷口通南门内小刘家胡同，东侧有一分支通荣家胡同。清宣统年间，富商屈元峰也曾在此建房并出租，因西侧已有大屈家胡同，故将此处命名为“小屈家胡同”。

小屈家胡同中曾有著名导演沈浮的故居。沈浮，1905年出生，幼年家境贫寒、生活贫困，虽勤奋好学，但只读到初小就到照相馆当学徒，并利用工作之便偷学摄影。1924年，沈浮先后考入天津影片公司、北方影片公司、渤海影片公司任演员，不久编导并演出了喜剧短片《大皮包》，从此开始了

·小屈家胡同

他近七十年的导演生涯。他先后编、导了几十部影片，代表作有《无愁君子》《天作之合》《自由天地》《狼山喋血记》《万家灯火》《李时珍》《万紫千红总是春》《老兵新传》《北国江南》《阿夏河的秘密》等。沈浮于1957年任海燕电影制片厂厂长，当选为上海电影工作者联谊会主席；1980年，当选为中国电影工作者协会上海分会主席；1994年，获得首届中国电影导演协会年会“终身成就奖”。

·杨树胡同

大屈家胡同西侧有一条曲折的小胡同，因巷内有一棵大树，起名为“大树胡同”。1984年地名普查时，因重名，以树种更名为“杨树胡同”。胡同北起二道街，南转东至南门内小刘胡同，长约337米，宽约2.4米。

杨树胡同的南端有几条相连的小巷，统称“南门内小刘胡同”。清道光年间，富商刘某在此置地建房形成胡同，因东侧不远有大刘家胡同，此巷较之窄小，因而称“小刘家胡同”。1984年地名普查时，因重名，更名为“南门内小刘胡同”。该胡同北起杨树胡同，南至小费家后胡同，西侧两条分支分别至南门内大街和小费家胡同，东侧两条分支均通小屈家胡同，长约132.7米，宽约3米。民国时期古物收藏家缪继珊曾居南门内小刘胡同中。

十一、小费偏居南门东

· 小费家胡同等里巷在天津老城里东南角片的位置

南马路与南门内大街相交的东侧，有数条纵横交错的小胡同，其中最古老的便是形成于明永乐二十二年的南门东头条。因其在天津城南门之东侧，按自西而东的顺序排列为头条，故起名为“头条胡同”。1984 年地名普查时，因重名，更名为“南门东头条”。

从南门东头条向东，另有三条胡同，分别为南门东二条、南门东三条、南门东四条。

南门东二条，北起小费家后胡同，南至南马路，东侧通往南门东三条，长约 157.5 米，宽约 3 米，按自西向东顺序排列为第二条，故名

·南门东二条

"二条胡同"。1982年地名普查时,因重名,更名为"南门东二条"。1950年之前,胡同中曾有梁佩珍家庭工业社等手工业作坊。

南门东三条,长约210米,宽约4.5米,北起小费家胡同,南至南马路,西侧通南门东二条,东侧通南门东四条。按自西而东顺序排列为第三条,故称"三条胡同"。1984年地名普查时,因重名,更名为"南门东三条"。这条胡同为"四条"胡同中最长的。1950年之前,胡同中曾有制鞋的合记号,加工生产用金属制品的天华工业社,修理金属制品的文记工业社,做纸板的联合纸品厂等。

南门东四条,北起南门东三条,南至南马路,西侧有一分支转北不通行,长102.15米,宽1.9米,按自西而东顺序排列为第四条,故名"四条胡同"。1984年地名普查时,因重名,更名为"南门东四条"。1950年之前,胡同中有多家手工作坊,如张鸿顺的修鞋铺,曹德发的金属修理铺等,此外还有经营日用五金

·南门东三条

的春和工业社等。

因南门东这四条胡同比邻以经营五金轴承为主的南马路各商家，故这四条胡同中多有经营五金的商铺作坊，住户或租户也有不少是南马路上的经营者。这四条胡同的北边是小费家胡同和小费家后胡同，前者在北侧，后者靠南。

小费家胡同，西起南门内大街，东至南门内小刘胡同，长约 70 米，宽约 2.1 米，清康熙年间建房形成胡同，因居住在大费家胡同的费姓家族有部分迁至此巷内，故名“小费家胡同”。

· 小费家后胡同

小费家后胡同，长约 167 米，宽约 2 米，东起东门内大刘胡同，至西端不通行。清康熙年间有李、张等姓在此建房形成胡同，因在小费家胡同后方，故名。

十二、杠张胡同广业里

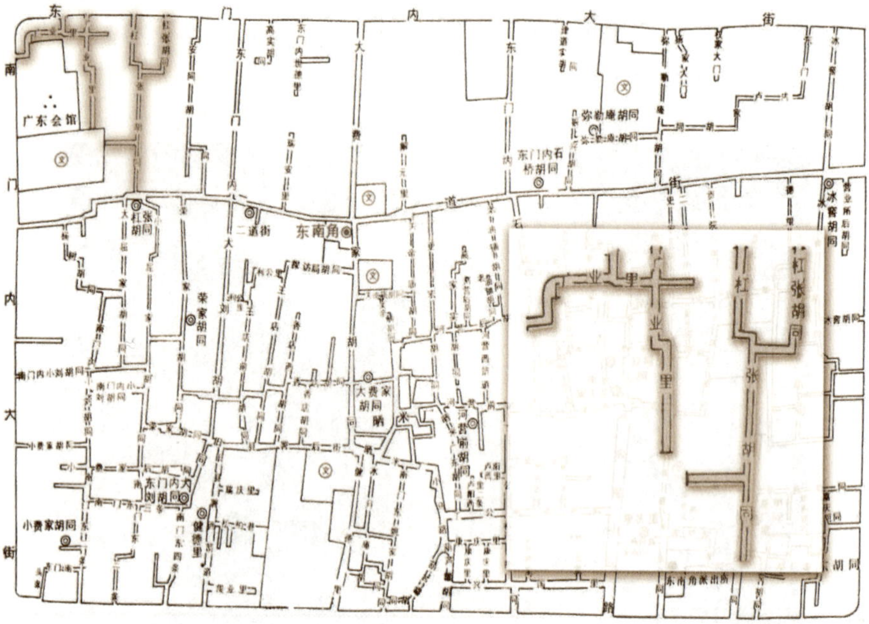

·广业里和杠张胡同在天津老城里东南角片的位置

在南门内大街北部路东，靠近东门内大街的地方，有一座大型中式院落——广东会馆。该会馆落成于清光绪年间，其建筑精美，雕梁画栋，规模宏大，占地六千多平方米，是旅津广东人议事、聚会的场所。孙中山先生生前曾两次到访该会馆，其中一次还发表了饱含激情的演讲。新中国成立后，会馆功能消失，部分改为中学校舍。20 世纪 80 年代，建筑的主要部分被辟为天津市戏剧博物馆。广东会馆的北侧和东侧是广业里，清光绪年间开始建房形成胡同，因房屋为广东会馆所有，故名“广业里”。胡同全长约 143 米，宽约 3 米，由南北向和东西向两条胡同交叉而成。广业里北起东门内大街，至南不通行，西起南门内大街，至东不通行，北侧有分支，也通东门内大街。20 世纪 50 年代之前，广业里曾有经营纸制品的延祥工业社，经营缝纫业的仁义家庭工业社、前进家庭工业社等。

广业里东侧，东门内大街上有两个胡同口，这便是“丫”字形的杠张胡同的胡同口。该胡同长约 158.8 米，宽约 2.4 米。据记载，清道光年间，有张氏人家在此开设出租丧事用具的杠房，故名“杠张胡同”，但在此地附近出生并久居的九十多岁老人，却从未听说过这个杠房。而据《天津卫志》记载，清康熙初年还保留明代遗俗，城内有“仵作”一行，“仵作”是官府认定的验尸人，人死后，经仵作验尸为正常死亡的，即可装殓抬埋了，而且仵作还把持着抬棺材的杠具，因而，或许是当时掌管杠具的仵作姓张，故名“杠张”吧。

第三章 官衙林立西北角

天津老城里西北角一带，在明清时期是衙门、军营的聚集地，布局相对整齐。

天津建城初期，城里住户不多，但随着各级衙门的设立及守卫军队的迁入驻扎，上至各级官吏，下至随军家属，多在衙门附近建房居住。因而，老城里西北角片留下不少大户宅院，这一区域的里巷多以衙门建筑和大户姓氏来命名。

官衙林立西北角

·以中营小学为中心俯瞰西北角片（王鹏　提供）

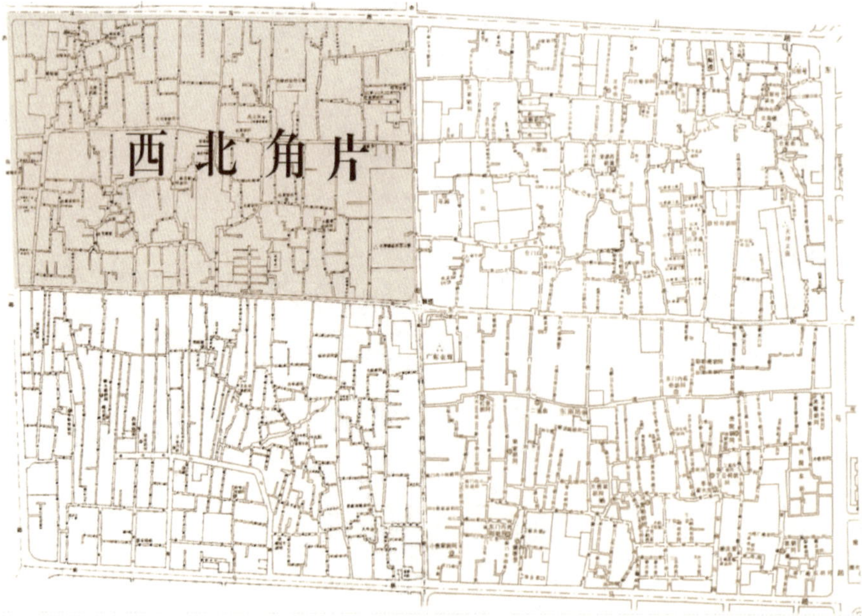

·西北角片在天津老城里的位置示意

一、贯通东西府署街

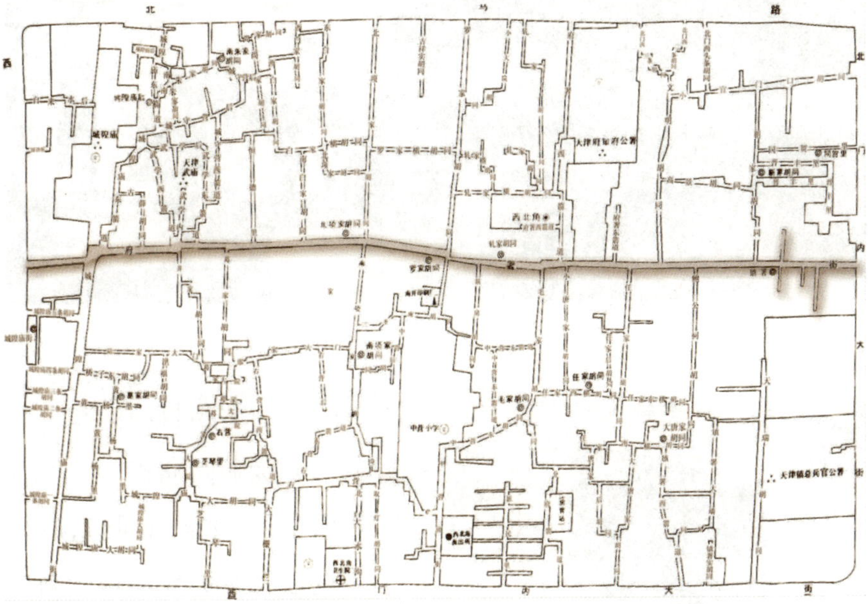

·府署街在天津老城里西北角片的位置

府署街是一条古老的街道，因清雍正年间在此建知府衙门而得名。街道为东西向，贯穿老城西北隅，把西北角分为南北两片。府署街东口在北门内大街，早年建有府衙大仪门，被称为“大仪门口”。从东口一路向西，一直通到西马路。府署街全长约 794 米，道路较为宽阔，约 4 米。20 世纪 70 年代，府署街在土路基础上改为沥青路面，方便通行小型机动车，路两侧多为砖木平房，也有深宅大院坐落其间。位于府署街中段路北的城厢礼堂和天津市第三十一中学（今天津市崇化中学）就是天津府知府公署的旧址，而西头的 178 号就是建于明永乐年间的城隍庙旧址。

·府署街

·府署街98号院门楼

早年，府署街自西向东分为七段，分别为城隍庙街、武学前、白家胡同口、项家胡同口、府衙门街、鲍公祠和大仪门口。新中国成立后，因中段有天津府知府公署旧址，遂合称“府署街”。

明清时期，官府衙署大门之内设仪门，也称“宜门”，《明会要》有“新官上任，至仪门前下马”的说法。清雍正九年，升天津州为天津府，十二年，建天津知府衙门。该衙署的门前街东口与北门内大街的交口处建高大仪门一座，因其为通往知府衙门的正门，故称其为“大仪门口”，以便与北侧之较小仪门相区别。后大

· 城厢礼堂（王鹏　提供）

仪门口并入府署街，此地名便消失了。

大仪门口一带人口密集，交通便利，因而此地铺户、医馆等较为集中，其著名的中医馆共有五家之多，行医大夫有陈增源、李润田、赵润山、戴俊峰等。

这一带，著名的商号有民国初年府署街北头的长记针织厂，出产线袜、毛袜、围巾、毛衣等，资本较雄厚，产品行销东三省及华北地区。新中国成立前，此地还有一家当铺，名叫“和顺当”，掌柜叫汪春斋。此外，府署街100号曾是私立环青园小学，新中国成立之前已创建，校长是王仁同先生。该校于1952年与泓仁小学合并，定名为二区十六小学。老城拆迁前，府署街170号的院落曾是天津市南开区西北角街第一幼儿园，估计周边不少老邻友都在这里度过了儿时的岁月。

· 1950年3月25日《天津日报》刊登的府署街亲仁堂药品广告

清光绪年间，乡绅刘渭川、张纯甫等创办了慈善团体“引善社”，该社也坐落在府署街。每到冬天，引善社舍粥舍棉，帮助无家可归者度过冬天，并开办了义振初等小学。后该社并入八善堂。

府署街西口曾住着津门著名画家刘芷清。刘先生名仲涛，字子清，号梦松，世居天津，早年学花卉、翎毛于王铸九，后学山水于刘小亭，造诣精深。晚年画风转为以写真为主，尤喜画黄山松、云、峰，苍秀温润，精湛绝伦。他与刘奎龄、陆文郁、刘子久、萧心泉并称“津门画家五老”。

二、小宜门口有靳家

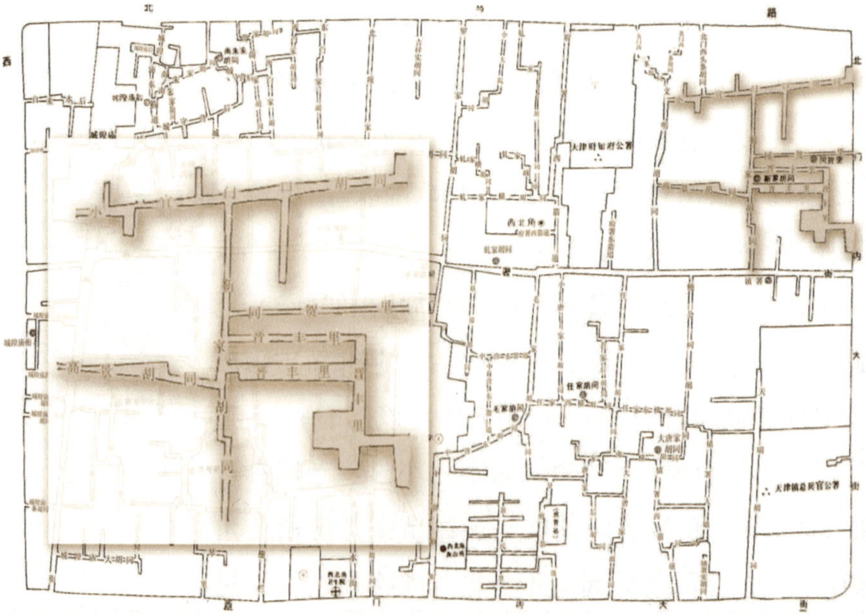

· 小宜门口胡同等里巷在天津老城里西北角片的位置

·小宜门口胡同（王鹏　提供）

一进北门内大街，右手边第一个胡同便是小宜门口胡同。绘于清道光年间的《津门保甲图说》中称之为小仪门。拆迁前，该胡同长约228米，宽近3米，西头与文明胡同呈丁字相交，北侧经北门西头条通往北马路，南侧经靳家胡同连接府署街。清雍正年间，天津升州为府，知府衙门坐落在府署街中段北侧，按仪规，在府署大街东口设高大牌坊一座以示威严，称为“仪门”。后因府署街北侧小巷亦可通往知府衙门，为便于区分，称府署街东口大牌坊为“大仪门口”，其北侧小巷口则被称为“小仪门口”，后因道路改造等原因，大仪门口的称谓被废除，至旧城改造前，仅存小宜门口胡同（清末为避溥仪之讳，曾将仪门改为“宜门”）。清末，大仪门口曾有义振初等小学堂，于1937年停办。此外，1947年大仪门口52号曾有私立德美小学，校长王美然。新中国成立后，该校更名为“北门里大街小学”，旋即并入南门里小学。

小宜门口胡同中部南侧与靳家胡同相交。靳家胡同年代久远，明初武将靳勇旧宅便在该胡同里。清道光年间的《津门保甲图说》已记载有“靳家胡同”这个地名，由此可见靳姓族人在天津城里落户很早。天津城里早期住户多为明永乐年间建卫时迁来，《天津卫志》《天津县志》等志书载有多位靳姓官员在天津卫为官，且多为世袭武

· 靳家胡同（王鹏　提供）

职。另外，靳家胡同北段原先叫“永乐衢”，应为永乐年间的道路。《明史》《天津卫志》均记载，明永乐年间，有武将靳勇，在成祖定都北京后，因功由百户升副千户。天津设卫建城后，其功绩被刻录在城门处所设的纪念石碑上。靳勇在津为官，其家宅便在城里，这应该就是靳家胡同的由来。

“口岸店王家”的旧宅便坐落在靳家胡同，宅院宽敞，早年院中间曾有明代桧树一株，枝叶繁茂。此宅院的房屋门窗全部用黄杨木打造，精雕细刻，别具一格，可惜随着旧城拆迁，如今已不知去向。

同贺里原名“同和里”，全长近百米，胡同两侧均为青砖平房。据记载，1938年，著名鞋帽店“同升和”的掌柜李福恩在此购地建房，并以其堂号“同和堂”命名。1982年地名普查时，因为重名，更名为“同贺里”。

· 同贺里（王鹏　提供）

晋丰里的名称最早出现在清光绪年间，因此地原有一座晋丰货栈，故得名“晋丰里”。早年多为平房建筑，20 世纪 70 年代开始陆续将低矮建筑改建成六层楼房，楼间保留原有胡同形状。

靳家胡同中部，晋丰里对面就是高景胡同口。该胡同西接文明胡同。这条不足三十米长的小胡同两侧全是平房，原名“当铺后胡同”，建于清光绪年间，因其前方有和颂当铺而得名。1983 年地名普查时，因重名而改称“高景胡同”。

三、天津府知府公署

·府署西箭道等里巷在天津老城里西北角片的位置

“府署”是天津府知府公署的简称。清雍正年间，天津升州为府，附设天津县，下辖地域很广，最南到现在的河北省南皮县。天津府知府衙门一时成为周边的政治中心，所以在城里的衙门中，府署衙门面积最大，配套建筑也最齐全。天津府署衙门这片区域，东起文明胡同，西至府署西箭道，北到北马路，府署衙门的南侧大门就开在府署街上。

·北门西头条胡同（王鹏　提供）

小宜门口胡同靠北，府署东侧地片被称为“北门西”，顾名思义，该地位于旧城里临北门的西侧。20 世纪 80 年代地名普查，将这一带的三条胡同规范命名为北门西头条、北门西二条、北门西三条。这三条胡同都有六十多米长，最北端均与北马路相通。北门西头条南端通往小宜门口胡同；北门西二条和北门西三条于南端汇聚，并与文明胡同相交。其实在清朝光绪年间，这三条胡同已有居民。北门西头条原先叫“邵家胡同”，早年平房拆除后建成二层居民楼两座。此胡同距离北门内大街并不近，《津门保甲图说》上此处标有观音寺、大悲阁的字样，可见清代此处原有寺庙建筑。

府署衙门东墙外的胡同叫“文明胡同”，其北头连接北门西二条和北门西三条，形成“丫”字形，南头通往府署街。全长约 182 米，近 3 米宽。别看文明胡同名字新颖，但建筑年代久远。这一片在明代便建有民居，后来因其间开设有杠房，租赁殡葬用品，名“杠房胡同”。1982 年地名普查，因重名，改称“文明胡同”。在民国时期的地图上，此处即被标为“杠房胡同”。此胡同两侧均为青砖平房，地势开阔，人口稠密，拆迁前共有居民 148 户。值得一提的是，清代中期，文明胡同西侧曾有一座三皇庙，在清道光年间的《津门保甲图说》中有明确的标示。

· 文明胡同（王鹏　提供）

过文明胡同，沿府署街向西不远，路北便是府署衙门旧址。此处可分南、北两部分，北侧临北马路，就是天津市第三十一中学，也就是现今的崇化中学原校址；南侧有一大型拱顶建筑，就是城厢礼堂，过去这城厢礼堂作为城里唯一对外开放的剧场，人流熙攘，非常热闹，拆迁时此地曾作为拆迁指挥部。

· 2003 年的三十一中校门（王鹏　提供）

城厢礼堂的东西两侧分别为府署东箭道和府署西箭道。府署东箭道是一条实胡同，早年曾是天津知府公署衙门的东侧箭道，此地就是清道光年间经历司衙门所在，废弃后有人居住，形成胡同。其北段原先拐向西，再向北通往北马路，后拐角处被建筑隔断，形成南北两段，北段改名为“北门西三条”，南段实胡同沿用原名。此胡同只有短短50米左右，2米多宽，共有居民40余户。

·府署西箭道上的院门（王鹏　提供）

府署西箭道全长约215米，宽约3米，其北口通北马路，南口通府署街，中段与轧家横胡同相交，南段西侧有一实胡同。此胡同形成于清雍正年间，其民居多为砖木平房，只有北口临北马路处有几座二层小楼。该胡同共有居民一百多户。1978年铺设沥青路面。府署西箭道上曾有不少小型工厂，如拆迁前门牌8号院曾是建国皮鞋厂，生产的皮鞋主要在天津、唐山一带销售；10号院曾是生产软木制品的工厂，其产品软木塞就是咱老百姓日常所离不开的暖瓶塞；靠胡同北口的84号院曾是第六熔炼厂，生产焊锡、合金板等。

府署东、西箭道之间区域就是天津府知府公署旧址，拆迁前为三十一中学和城厢礼堂所在，此地一般俗称“府署”。据《天津府志》记载，清雍正九年，天津升州为府，雍正十二年，天津知府李梅宾在此修建天津府知府公署。该衙门正门前有照壁一座，有配套官厅、班房、皂隶房、科房、更房等，其后建有土地祠、文昌祠各三间，大堂后房六间，二堂、三堂各五间，三堂前东西厢房为乾隆元年天津知府程凤文捐建。知府公署东侧建有天津府经历司公署，东侧有知府衙门监狱十八间，统归经历司管辖。民国时期，原府署衙门改为天津县行政公署。新中国成立后，曾先后作为城厢区人民委员会、公安第八分局驻地；1959 年天津市第三十一中学迁入此地，后将原有建筑进行扩建，沿用至拆迁前。现在此地已建成高层住宅小区，旧迹无存。

四、衙门左近多富贵

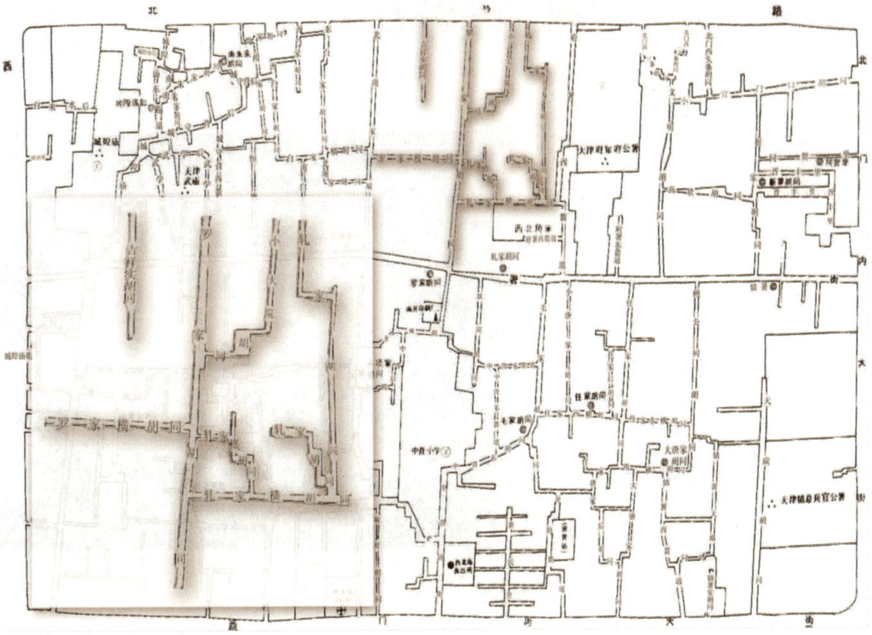

· 罗家胡同等里巷在天津老城里西北角片的位置

这片区域临近津城最高级别的衙门，在此居住的要么是早期迁来天津卫的官员后代，要么就是富商大户。从地名上看有轧、罗、

·轧家居委会

项、白、朱五姓。

这片最东边就是轧家胡同，其北口通北马路，由北口向南不远折向东，再折向南，直通轧家横胡同，南口附近有一岔路斜向西北。该胡同全长约135米，宽近2米。清光绪年间，在估衣街经营钱庄的轧美章在此购地建房成巷，称“轧家胡同”。

后来，轧家胡同南侧建房形成横胡同，称“轧家横胡同”。此胡同为东西向，总长约211米，东头与府署西箭道相交，西头与罗家胡同相交，中部有一岔路也与罗家胡同相交。胡同内只有两座二层小楼，其余均是平房。新中国成立前，此胡同中有成衣铺一间，字号叫“裕盛祥”，掌柜叫阎茂林。胡同内原有大户的宅院，其后院的青砖小楼装饰着精美的木雕，都是镂雕的牡丹花，可见此处应是大户人家小姐的绣楼。这宅院的影壁墙被拆除后，仍有精美的石雕基座一直保存在院子一角。

·木雕（王鹏　提供）

罗家胡同，北起北马路，南通府署街中部，全长约190米。此地民居形成较早，约在清雍正年间，后因著名书画收藏家罗朝汉居于此地，得名“罗家胡同”。胡同中部西侧有罗家横胡同，此胡同长不足百米，其西头连着北项家胡同。罗家胡同东侧连小大院胡同以及轧家横胡同的两个岔口。

·罗家横胡同（王鹏　提供）

罗家横胡同中曾有一所名字很有时代特色的幼儿园，叫“抗大幼儿园”。此幼儿园建于1956年，为了纪念中国人民抗日军事政治大学建校20周年，所以取名“抗大”。该幼儿园建筑面积约466平方米。据资料记载，1986年时该园共有教职员工44人，其中教师21人，下设9个班，在园儿童333人。

值得一提的是，1993年，北马路上进行基建施工，一天，施工人员于罗家胡同口附近刨开路面后，旧城墙基显露出来。中国文物学会民间收藏委员会理事何志华老先生恰巧路过此处，拍下了地下墙基的珍贵照片，并请施工人员将完整的墙砖拆下几块以作考证。2004年，天津建城600周年之际，何先生又将这份珍贵的实物资料捐赠给了天津市南开区档案馆。据考证，这几块城砖是明弘治年间用于整修加固城墙的基础砖，一般长40厘米、宽20厘米、厚10厘米。

小大院胡同北口开在北马路。该胡同全长100多米，其内部宽阔，形成院落式里巷。胡同自北口向南50多米折向西，通向罗家胡同。此折向西的拐弯处地势宽阔，拆迁前形似庭院，建有花圃种植花草，环境优美，故称“小大院”。此地于清光绪年间陆续建房形成里巷，拆迁前，胡同中仍保留有清末旧式青砖平房，共有住家40余户。1978年清整环境，此地改土路为沥青混凝土路。

1939年，津门著名教育人士齐通侯夫妇看中了小大院胡同的宽阔幽静，交通便利，借用此处民房四间作为校舍，创办了天津私立通澜中学。该校董事会董事长为邓庆澜，董事会由13人组成，其中3人是教育界人士，校长由创办人齐通侯担任，取齐通侯、邓庆澜二人名字中各一字作为校名。该校为初级中学学制，一年级分甲乙两组共四个班，第一年共招收学生197名。该校每周一举行全校纪念国父活动，每周规定生产劳动2小时、童子军课外演习3小时，并成立学生自治会，锻炼学生自理能力。后该校迁入户部街39号原电报职业学校旧址，扩招学生至350人，分为5个班。新中国成立后，曾先后改为天津市三十七中学、东北角小学一分校，拆迁前为南开区运署西街小学。

·吉祥实胡同（王鹏　提供）

以罗家胡同为中心，与小大院胡同对称的是吉祥实胡同。别看这个胡同不长，但形成很早。据记载，清朝初年有商人毛同轩在此建房形成胡同，取名“吉祥胡同”。后因重名，且此巷至南不通，遂改为“吉祥实胡同”。胡同长仅 57 米，路东侧有一座二层楼房，整条胡同的住户只有 47 户。

五、项白两家宅连片

· 北项家胡同等里巷在天津老城里西北角片的位置

贯穿西北角片南北的道路很少，只有南、北项家胡同从北马路一路向南，经北大水沟胡同，到南门内大街。北项家胡同形成于明代晚期，因明代收藏家项嘉谟曾居住于此，加之此部分靠北，故称为

· 北项家胡同（王鹏　提供）

"北项家胡同"。项嘉谟，浙江嘉兴人，明代大收藏家项元汴的后人。项氏一门于书画二艺自元汴始，可谓家学渊源。项嘉谟曾任明蓟辽守备，居津多年，后归嘉兴。至清兵攻陷嘉兴，项嘉谟投湖而死。津人感其忠义，将其居住过的胡同命名为"项家胡同"以示纪念。此胡同全长约 183 米，2 米多宽，北起北马路，南到府署街，中部东侧通罗家横胡同，西侧通白家横胡同，同时有一岔路向西再折向北也通白家横胡同。拆迁前，此胡同共有居民 149 户。胡同中临北马路的地方，拆迁前曾有北门西旅馆、蔬菜水产商店、副食品商店等。

值得一提的是，据《天津通志》记载，1969 年 8 月，天津发生过一次罕见的龙卷风灾害，当时龙卷风两次横扫老城西北角，全都经过北项家胡同，造成重大人员伤亡和财产损失。其中 14 号院的砖木结构二层楼房居然被狂风吹散，夷为平地，巨大的房梁飞到很远的地方，可见其威力巨大，南开区上点年纪的老人都能记得这次"闹旋风"。

北项家胡同 9 号是弘仁小学旧址。该校创立于 20 世纪 30 年代，共有 6 间教室，校长谭鹤年，校董事会董事长是益记棉纱庄总经理祁筱圃，常务董事有高敬五、曹仁甫，私立四成小学校校长储文煜、朱明廉、朱德昌等任董事。到了 1946 年，该校扩招至 6 个班，共有254名学生,9名教职员工,当时的校长是路静一。

北项家胡同西侧有东白家胡同、西白家胡同、南白家胡同和白家横胡同四条胡同。清道光年间,即有白家胡同,后来陆续建起的胡同在其西边和南边,被命名为“西白家胡同”和“南白家胡同”,而这最早的“白家胡同”就被改称为“东白家胡同”。

·东白家胡同(王鹏　提供)

东白家胡同北起北马路。胡同北口临街,曾有一家专门印制各种食堂饭票的门市部。离胡同北口不远,路西侧有一横路通西白家胡同。胡同南头与白家横胡同相交。东白家胡同全长约143米,宽约2米,路两侧均是青砖平房,曾有住家118户。而这最早的“白家胡同”,其得名已不可考。

·西白家胡同(王鹏　提供)

西白家胡同北口开在北马路,最南头与白家横胡同相交。此外,西白家胡同还有一条向南不通行的分支。西白家胡同全长约166米,曾有住家94户。该胡同形成于清光绪年间,胡同中曾有一家制售做鞋用布夹子的铺面，掌柜恰巧也姓白，人称“白家袼褙铺”。因东侧已有“白家胡同”，故人称此胡同为“西白家胡同”。

在清光绪年间，最早的那条“白家胡同”南侧逐渐建起民居，主要道路被定为东西向的白家横胡同和南北向的南白家胡同，两条胡同丁字形相交，长度都是70多米。“丁字”最东头通北项家胡同，最西头连着西白家胡同，最南头通府署街。这片只有白家横胡同正中有一座二层小楼，其余全是清末的砖木平房。

六、武庙留名尚武城

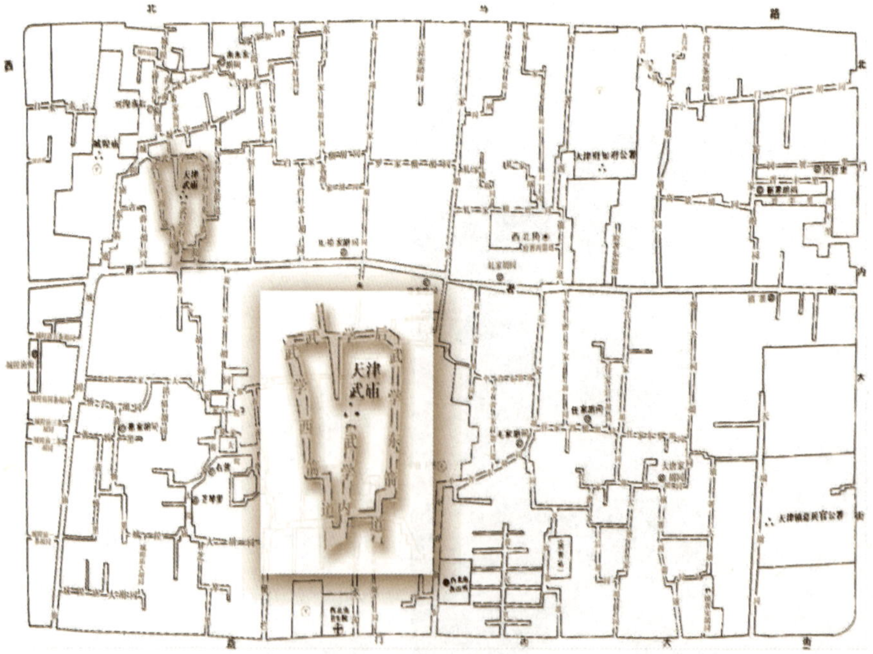

·武学西箭道等里巷在天津老城里西北角片的位置

古时建城讲究“文东武西”，将文庙建于城东，将武庙建于城西。现保留下来的天津文庙在东门内大街路北，但很少有人记得在西北角城隍庙东边原有武庙一座，庙内还曾设有“武学”，教授武生。清光绪年间，武庙突遭大火焚毁，后官府平整土地，并售予大户建房，遂辟为民居。旧城改造前，此处仍遗有武学内、武学后、武学东箭道、武学西箭道的地名。

·武学后居委会（王鹏　提供）

·武学东箭道（王鹏　提供）

武庙建于明万历年间，明清两代，此地是选拔培养军事人才的官办学堂，其主要职能是供奉历代名将，以及用作讲武练兵和科考武生员的场所。据《天津卫志》记载，天津武庙“初设在西南城角花楼之上，供春秋二祭”。花楼即城角上的角楼，据《天津通志》记载：“万历四十年（1612），天津道高邦佐将武学由西南城角移建城内西北角，三卫掌印指挥张文学、赵如祖、杨大庆监修。设科正一员。”科正就是武学内负责学员武术军事训练的教官，多由选拔出来的武艺超群之武举人担任。

到了清雍正年间，天津升州为府后，天津知府李梅宾对武庙进行了整修，形成后来完备的规模。重修的武庙坐北朝南，中线三进院落，正南有一座棂星门，其后是仰圣门，进门后右手东侧是名宦祠，左手西侧是乡贤祠。正殿名曰"武成殿"，殿内正中供奉周昭烈武成王姜子牙，两侧供奉吴司马孙武、齐司马田忌、汉留侯张良、汉武侯诸葛亮。转过正殿为后庭，正中为启圣祠，东西跨院是明伦堂及储美、毓秀、进德、修业四书斋。

·武学内（王鹏　提供）

早期武学每三年进行一次选拔考试，主要分骑射和策论两科，成绩优异者可入武学。据记载，其中文才优异者可进入"文学"深造，以培养文武兼备的人才。直至清雍正年间，才把武学"裁归儒学，文武生员皆隶于儒学"。

武学内，顾名思义位于武庙旧址内部。该胡同南起府署街，向北不通行，全长约60米，近3米宽，是一条实胡同。清光绪年间，武庙被大火焚毁，旧址上后逐渐建起砖木结构的平房，形成胡同，被称为"武学内"，拆迁前共有居民29户。

武学后，东西走向，全长约66米，两头分别连接武学东箭道和武学西箭道，中部北侧有一支路通向城守营后，南侧有一支路向南延伸不通行。早年此地是西北角水坑边，清光绪年间水坑被填平，建房形成胡同。按地理位置，此处被称为“武学后”，拆迁前共有居民29户。

武学东箭道和武学西箭道都形成于清乾隆年间，因位于武学东西两侧而得名。武学东箭道全长约123米，约2.5米宽，两侧都是早年间的砖木平房，住户不多，只有24户；武学西箭道稍短，长约104米，约2.3米宽，但居民较多，共有65户。

七、城守营后朱家宅

·城守营西箭道等里巷在天津老城里西北角片的位置

明崇祯年间，在天津武庙东边建军营，驻扎防御卫城的士兵，名曰“屯田公署”，到了清代改名“城守营”。据《天津卫志》记载，此地驻军满额600名，实际驻军564名。清咸丰、同治年间，城守营西侧和北侧逐渐建起民居，形成胡同，胡同按所在方位得名“城守营后”和“城守营西箭道”。从地图中可看出，城守营旧址应该在城守营西箭道以东和恒德里之间。据近年在国外新发现的史料记载，清末城守营地处旧城西北城角处，因地势突出，在当年抗击八国联军入侵的战斗中发挥了极大的作用。此处设置的火炮给侵略者以沉重打击，所以在天津城陷落后，侵略者设立的都统衙门提出除必须拆除城墙及城外炮台外，旧城以内中营、左营、右营等驻军营房也一并拆除，后因清政府一再妥协，天津城内的驻军陆续撤出驻地，而拆除营房之事遂被搁置，但城内从此永不许驻军。后来城守营旧址逐渐荒废，陆续建起民居，但留下了城守营后和城守营西箭道的地名。

城守营后形成于清同治年间，因地处城守营后方得名。该胡同大致为东西向，西起城隍庙东箭道，向东依次与武学后、南朱家胡同和城守营西箭道相交，其东头分两岔，一路向东通尚家胡同，一路向北通南朱家胡同。城守营后全长约172米，约3.6米宽，拆迁前共有居民93户。

城守营西箭道为南北走向，北起城守营后，向南至武学东箭道，其北段与恒德里有交口。此地最早出现的民居形成于清咸丰年间，拆迁前共有居民70户。

城守营东边有一条胡同叫“恒德里”，该胡同呈“丁”字形，胡同东头通西白家胡同，并与尚家胡同相交，西头通城守营西箭道，最南端通府署街。恒德里全长约95米。清光绪年间，商人李子赫购置城守营东侧空地建房，形成里巷，并以李子赫的堂号“恒德堂”命名该胡同。胡同两侧都是砖木结构平房，共有居民77户。

值得一提的是，2003年旧城改造之时，城守营旧址曾出土大量清代铁炮和球形实心炮弹，埋藏不深，现场观察，距地面也就30多厘米。虽年代久远，但基本保存完好。经清点，共有直径20厘米的铁质球形“封门子”150多枚，竹节形铁炮50多门，另有小铁蛋“群子”若干。这批相对简陋的“土炮”应该是清代早期的城防军械，废弃后被埋藏地下，现今在天津老城博物馆还能见到类似藏品。

尚家胡同，全长约134米，呈“丫”字形，北边两岔通北马路，南头通恒德里。此片民居建于清光绪年间，原为两条胡同，一是房主尚万春建的尚家胡同，另一部分是李永春建的李家胡同。1983年地名普查时，将这两条胡同合并，统称“尚家胡同”。

·南朱家胡同（王鹏　提供）

城守营后原有大片空地临近水坑，清道光年间，有朱氏兄弟三人在此置地建房，此地遂称“朱家胡同”。1950年，因重名，遂更名为“南朱家胡同”。该胡同全长约150米，西头与城隍庙东箭道相交，向南支路通城守营后的主路，东头连着城守营后的岔路。胡同内4号院是青年皮鞋厂，建立于1980年。名为皮鞋厂，但其产品中最出名的却是手套，曾经畅销北方地区。

八、城隍庙中分府县

・城隍庙东箭道等里巷在天津老城里西北角片的位置

《天津卫志》记载:“城隍庙,在城内西北,明永乐四年创立,年久倾圮,成化十七年重修。”清雍正九年,天津升州为府,下辖天津县,旧城内府县同设,故城隍庙也分府庙和县庙。

城隍是中国古代神话中守护城池的神,自三国至清,历代都建庙祭祀城隍。而天津城隍庙的后殿与别处稍有不同,这里曾经供奉着一尊卧着的城隍。一般城隍庙里面供奉的城隍都是站着的,而天津的城隍爷是侧卧着的,确实令人费解。在这尊卧城隍的床前,还供奉着一个城隍奶奶。现在城隍庙已经拆迁了,这尊卧着的城隍爷

·城隍庙后殿遗址（王鹏　摄影）

早已不见了踪影。

城隍庙附近的一处房屋内，有一个防空洞遗迹，洞口已被封死。据周围年长者回忆，城隍庙曾建有戏楼一座，戏楼中曾供有大量泥塑神像。当年戏楼拆除后，神像大都被放置在防空洞里了，但时间久了，此地多次修整，珍贵的泥塑神像全不知去向了。

据早年曾在城隍庙原址上修建的小学里读过书的老人们介绍，当年曾有一块巨大的石碑横躺在院子里，上面书写着“天津府城隍庙”几个大字，因为学校院子里面就这块地方比较坚硬，许多同学都在上面拍篮球和做游戏，因此印象深刻。拆迁时，施工人员将城隍庙带有千秋带以及精美彩绘的木柁屋梁小心地拆下来，而在木柁下面的一件物品更是引起了在场专家的关注。从形式上看，那是一块长方形的匾额，上面是吉祥草的图案。据曾经在那里居住过的一位老人讲，那是当年皇帝御赐的匾，至于匾的内容是什么，已没人知晓了。匾额拆下后，被运送到了古文化街的天后宫保存。

·城隍庙大殿遗址（王鹏　摄影）

·城隍庙东箭道（王鹏　摄影）

清末“废庙兴学”，天津城隍庙逐渐被废弃，于原址上建起了学校、民居，但其周边地名被保留了下来。庙东侧的箭道被称为“城隍庙东箭道”。该胡同北起北马路，南到府署街，全长约198米，宽约4米，东侧与南朱家胡同、城守营后、武学后、古薛胡同相交。早年，城隍庙东箭道与武学后交口以南的一段叫“城隍庙内”，1954年该胡同并入城隍庙东箭道。城隍庙后居委会曾坐落在城隍庙东箭道与南朱家胡同交口西侧。

西北角水坑西坑沿，早年有一片土坯房，清同治年间陆续改造成青砖平房，因地处城隍庙后边，人称“城隍庙后”。这是一条实胡同，东口在城隍庙东箭道西侧，进口地势较宽阔，有 5 米左右，形似一个大院。胡同西侧有条 1 米多宽的岔路，向南不通行。城隍庙后全长约 106 米，拆迁前共有居民 71 户。

· 古薛胡同（王鹏　摄影）

武学西箭道西边有一条小胡同，叫“古薛胡同”。其南口在府署街，进口北行 40 多米，折向西，通城隍庙东箭道。别看这条小胡同不起眼，却很古老。据记载，清道光年间，专门经营食品小吃的商人薛某在此建房，其制作的切糕风味独特，远近闻名，此地遂被称为“薛家胡同”。1987 年地名普查时，因重名，改称“古薛胡同”。新中国成立前，薛家胡同 8 号开着一家切药庄，字号为“德记”，掌柜的叫陈稳，主要经营药香。

九、自来水临讲演所

早年间海河是一直通向渤海湾的，随着涨潮，海水会涌进内陆

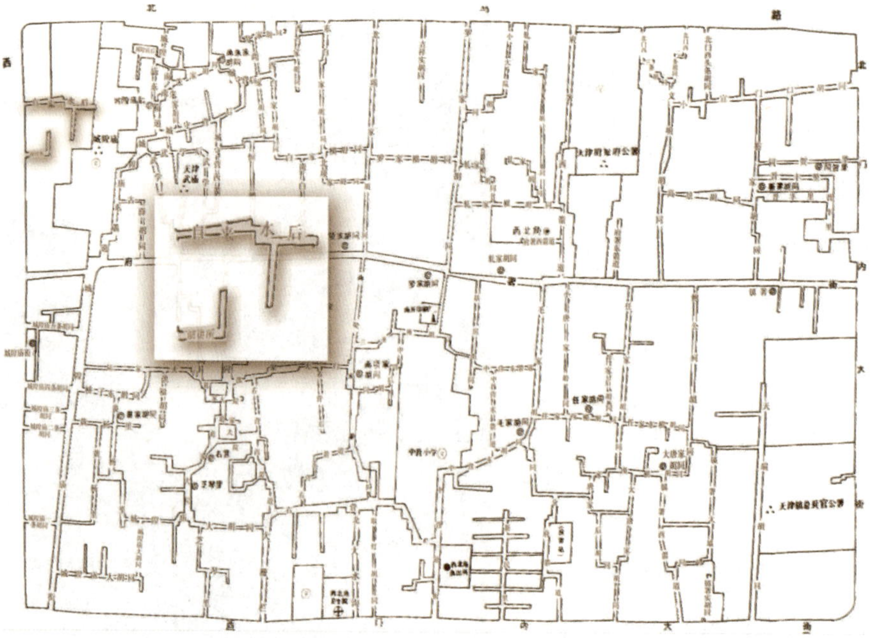

·自来水后、讲演所两条胡同在天津老城里西北角片的位置

河道，致使海河水苦涩异常。据传说，天津旧城里能饮用的水井有二十多口，口感好的也不多，能满足大户人家使用就不错了，一般老百姓只能去运河挑水使用。八国联军占领天津后，建立了殖民统治性质的都统衙门。当时在都统衙门任文案的田夏礼联合义泰昌洋货铺芮玉堃、火油商人马玉清以及经营过自来水厂的陈济易，共同向都统衙门申请建立中外合资的自来水公司，担保人是德商瑞记洋行的倪克生。在得到批准后，筹资 25 万两白银，创办了“天津济安自来水股份有限公司”。第一次董事会选举田夏礼任董事长，水厂建设所需材料均由欧美进口。水厂建在运河上游的芥园一带，水质优良，加工后由管路输送到城里，并于西北城角建有高大水塔一座，靠其压力将水输送到城厢一带。久之，自来水公司后身的小胡同就被称为“自来水后”。

自来水后西口在西马路。早年，自来水公司的办公小楼就在该胡同口，此地还出售购买自来水的“水牌”。胡同向东不通行，其东

· 自来水后（王鹏　摄影）

段有向南支路，深入到城隍庙旧址内。自来水后全长约 77 米，拆迁前共有住户 128 户。1982 年重新规划地名时，“城隍庙内”并入该胡同。

西马路上，临近自来水后，有一座宽大建筑，20 世纪末叫天津环城五金交电商场。其南侧有一小胡同，名为“讲演所”，早年向东，直通城隍庙内，后因建房折向北，形成实胡同。该胡同全长约 35 米，两侧多砖木结构平房。由于此地靠近西北城角，人口稠密，便于宣传，1912 年，由教育家林墨青发起，在此地开办一处讲演所，后与东马路、北大关、河东地藏庵三处讲演所并称“天津市立通俗讲演所”，西马路这处排位第二。

讲演所主体是一座铁质罩棚的演讲厅，厅内东侧设讲台，台下向西设有长条凳，南北两侧均是平房，作为阅览室、储藏室、办公室等功用，西侧临西马路建有一堵砖墙，挂有大量宣传图片供路人阅览。日常讲演内容涵盖科学、时事等，主讲者一般由所长先生担任。

此外，讲演所还经常举办讲演比赛活动，参加者多为新式小学堂的学生。

西北角讲演所不收取门票，听者不受时间限制。据长者回忆，讲演所内还备有饮用开水，因此旧城西部居民或行路进城之人多在此休息。

“七七事变”后，此讲演所日渐冷清，来者寥寥无几。1939 年，天津城发大水，因此地地势较高，成为灾民避难所，后不久便告关闭。

十、庙前街上最热闹

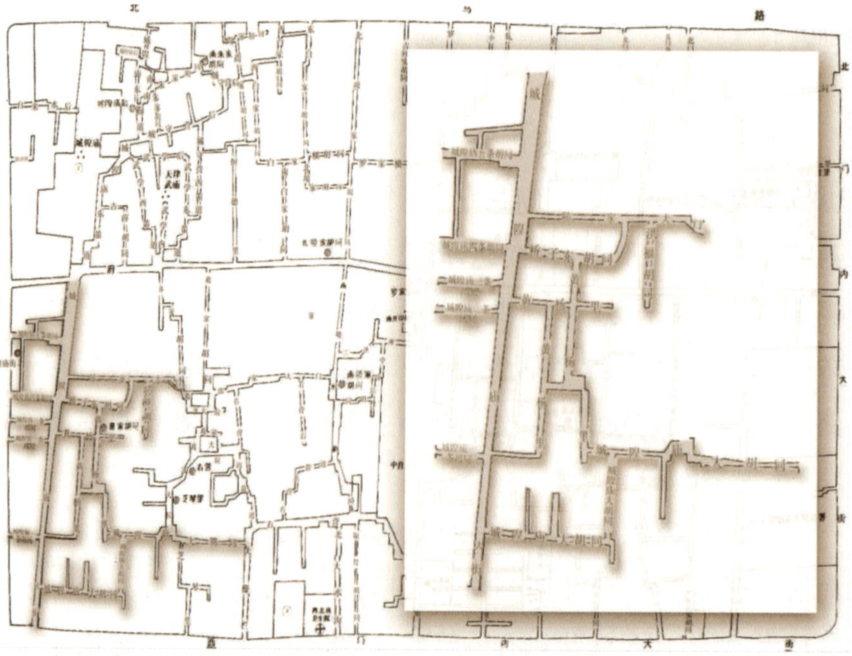

·城隍庙大街等里巷在天津老城里西北角片的位置

府署街南侧、城隍庙前这条笔直宽阔的大街人称“城隍庙大街”，它北起府署街，一路斜向南通往西门内大街，全长约 291 米，约 4 米宽，因地处城隍庙前而得名。早年，城隍庙香火兴旺，此地行人熙攘，尤其是每到庙会时节，这条大街更是摊贩云集，热闹非凡。

·城隍庙大街（王鹏　摄影）

城隍庙大街地势宽阔，是通往城隍庙的交通要道，街道两侧胡同众多。东侧自北向南分别是陆家大门、桥子东胡同、黄杨里、城隍庙大胡同；西侧早年自南向北共有六条小胡同通往西马路，分别被定名为“一条胡同”至“六条胡同”，后来“六条胡同”并入府署街，剩余的五条胡同在 1982 年地名普查时，均在名称前冠以“城隍庙”三字。由于城隍庙大街为南北向偏向东，所以与西马路之间的这几条胡同越向北越长，城隍庙一条长约 31 米，城隍庙二条、城隍庙三条长约 42 米，城隍庙四条长约 45 米，城隍庙五条因为

·城隍庙大街的一座民居（王鹏　摄影）

有南北两条支路所以最长，约 141 米。而且有趣的是，这五条胡同的宽度也是自南向北递增的，城隍庙一条约 1.3 米宽，城隍庙二条约 2.3 米宽，城隍庙三条约 2.7 米宽，城隍庙四条约 3 米宽，城隍庙五条约 4 米宽。

卫安水会旧址便在城隍庙大街上，应是门牌 4 号至 6 号的青砖建筑。其主体建筑建于清嘉庆年间，其附属建筑是康熙年间创建卫安水会时的原址，总建筑面积约 130 平方米。据记载，当年该水会共五间房屋，正房檐下悬“卫安”匾额一块，正房供神像，神像旁边存放救火用七部“水机子”，其他房间存放水会会旗、锣鼓、水桶、扁担等，建筑西南角有水井一口，终年不干，井水作为救火之用。

· 陆家大门（王鹏　摄影）

城隍庙大街东侧的几条胡同，北面第一个胡同为东西向，叫“陆家大门”。从地图上就可看出，府署街以南、陆家大门以北，有一大片建筑，原先此地是陆姓富商的大宅院，大约建于清光绪年间，其门前小路即被称为“陆家大门”。陆家大门南侧，自西向东依次与桥子东胡同、洪福胡同相交,其胡同东口通葛家大院。该胡同全长约120米,大路宽近4米,可进小型机动车。

过陆家大门,沿城隍庙大街向南,有一条弧形的胡同,胡同不长,70米不到,西头通城隍庙大街,东头向北拐,通陆家大门。此胡同名为“桥子东胡同”。早年,紧邻城隍庙大街与陆家大门交口一带,原有一条排水沟,直通西南城角水坑。清光绪年间,此地逐渐形成民居,为便于交通,在排水沟上建有木桥一座,此桥东边的胡同遂得名“桥子东胡同”。

陆家大门南侧、桥子东胡同东边,有一条实胡同,名叫“洪福胡同”,全长40多米,其南头不通。此处原是空地,清光绪初年开始有人建房,1900年抗击八国联军时,义和团曾在此设立坛口,取“洪福齐天”之意,命名为“洪福里”。

城隍庙大街中部东侧有一大片民居,叫“黄杨里”。这片民居西临城隍庙大街,南到城隍庙大胡同,东靠葛家大院,北到桥子东胡同,其间里巷呈“井”字形。早年间,此地东半部分人称“董家胡同”,至清宣统年间,有柴厂商人杨恩荣在此购地建房,人称“杨家大院”;靠西的部分是阎炳辰家族世居之宅院,称“阎家胡同”。1983年地名普查时,两个胡同合并,更名“黄杨里”。这片居民点较大,拆迁前共有

·黄杨里(王鹏　摄影)

·城隍庙大胡同（王鹏　摄影）

居民151户。

临近城隍庙大街南口，路东侧有一条胡同，叫"城隍庙大胡同"。该胡同分南北平行的东西两部分，其间有南北向支路连接，北段最东口通大栅栏，南段最西口连接城隍庙大街，当中分别与芝琴里、葛家大院、黄杨里相交。城隍庙大胡同全长约229米，均宽2.5米，拆迁前共有居民199户。此地民居多是建于清末民初的灰砖平房。因地处交通要道，最初称"大胡同"。1983年地名普查时，因重名，更名为"城隍庙大胡同"。

十一、井家胡同葛家院

右营，原为军事驻地，其西北两面都是清代豪族的巨宅。右营西侧以葛家大院为中心，北有井家胡同和邵家大门，南有芝琴里通往西门内大街。这片民居形成较早，清道光年间的《津门保甲图说》中已标示有"小井胡同"和"葛家大院"的地名。

· 井家胡同等里巷在天津老城里西北角片的位置

井家胡同北起府署街，南通葛家大院。清道光年间，此地称“小井家胡同”。到了清宣统末年，有士绅井风鸣在此地扩建宅院，院外形成胡同，故称“井家胡同”。胡同全长约 119 米，宽约 2. 4 米，拆迁前共有居民 67 户。

· 井家胡同的老住户（王鹏　摄影）

右营西边有一大片建筑，被称为“葛家大院”。清道光年间，有皮货商人葛某在此购地建

·邵家大门（王鹏　摄影）

房，形成胡同，遂称“葛家大院”，其中段与右营西箭道相通。这片民居以三组建筑为核心，围绕这三个院落的胡同统称为葛家大院。

葛家大院北头与府署街之间的巷子叫“葛家胡同”。全长约117米，约2米宽。这是葛家后代于清光绪年间析产分家后建房形成的胡同。

葛家胡同南口东侧与邵家大门相交。邵家大门形成于清嘉庆年间，当时的富商邵玉清在此建房，因其宅院门楼高大，此地遂得名“邵家大门”。该胡同东起南项家胡同，西头连葛家胡同。拆迁前此地保留有传统的四合院建筑群，该宅院共占地约1200平方米，由四进四合院、箭道、跨院组成。

葛家大院南头与城隍庙大胡同相交，其交口对面，有一条通往西门内的小路，叫“芝琴里”。该胡同全长约70米，其中段有一条向东的支路。此处早年间是一片荒地，陆续有人建起小平房居住，取名叫“泽仁里”。大约在清末宣统年间，陈芝琴买下这块地皮，拆除原有土坯临建，改建为青砖平房，取名“芝琴里”。

十二、右营门前大栅栏

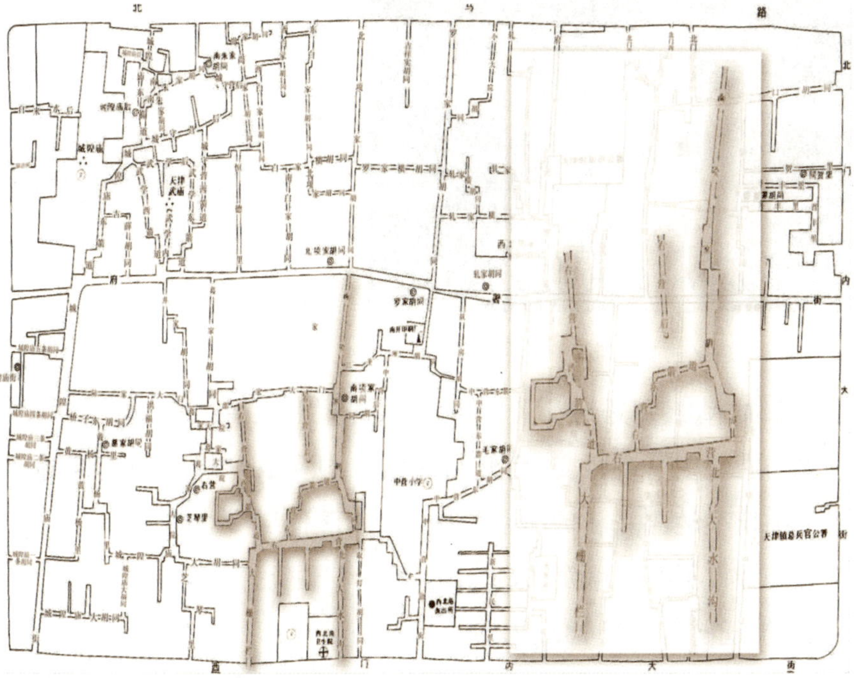

·右营西箭道等里巷在天津老城里西北角片的位置

“右营”顾名思义是以“中营”为参照，地处右边的军营。据《津门杂记》记载：“右营守备公署在西门迤北，神机库讯地。”其实不然，据《天津卫志》记载：“右营守备公署在神机库讯地后迤西。”对比志书当中的多张地图，可发现，当以《天津卫志》记载为准。清末八国联军入侵天津时，城防官兵给予侵略者沉重的打击。因此侵略者占领天津城后，首先提出拆毁城外“黑炮台”及“中营”“前营”“后营”，这些都是侵略者对地名的称呼，其中“前营”就是“右营”。驻军迁出

·右营前胡同（王鹏　摄影）

后，右营被废弃，于其旧址上陆续建成民居，形成胡同。旧迹难寻，但地名被保留到了拆迁前，如右营前、右营后以及右营东箭道、右营西箭道。多年前曾在此地挖出大量枪支零件、刺刀、大刀等，相关报道曾见诸报端。

清咸丰年间，右营南北两侧建起民居，形成里巷，按地理方位被称为右营前和右营后。右营前胡同全长约 234 米，最宽处约 4 米，西头通大栅栏和右营西箭道，胡同中部北侧与右营东箭道相交，南侧与北大水沟和取灯胡同相连，胡同东头沿中营小学西院墙折向南与中营前街相交。20 世纪 70 年代末，该胡同铺设了沥青路面，方便小型机动车通行。胡同两侧均是青砖平房，拆迁前有住家 183 户。

右营后胡同，是一条南北向实胡同，全长约 75 米，北口通邵家大门，至南不通。巷内除有一座二层青砖小楼外均是砖木结构平房，拆迁前共有住家 30 户。

右营东箭道，全长约 130 米，宽不到 2 米，曾有住家 30 户。其东头连南项家胡同，西头与右营前胡同的中部相连。

大约在清光绪年间，右营旧址的西侧箭道两旁也陆续建起民居，形成胡同，被称为“右营西箭道”。该胡同北起邵家大门，西边通葛家大院，南头通右营前。右营西箭道西侧原有一条转圈胡同，两头都与西箭道相交，原名“傅家胡同”，1983 年并入右营西箭道。右营西箭道全长约187米，宽约2米，除中段西侧有一座二层青砖小楼外，其余全是砖木平房，拆迁前共有住家129户。

右营原址南侧有一胡同，名叫“大栅栏”，其南口在西门内大街。明代曾在此处设立“右营守备衙门”，按军营设置，在衙门大门前建有高大栅栏门，后右营被废弃，于栅栏门附近建起民居，此处胡同就以“大栅栏”命名。1954年规范地名时，胡同内西侧的思恩里并入。

早年间，大栅栏胡同的路西，曾开设有一所“市立民众教育馆”，向民众免费开放。

教育馆是一座规模不大的四合院，门前左方设有阅报栏，平日张贴《大公报》《益世报》等报纸供路人阅览。前院两间正房，设天津市沿革展览室，其展品中最珍贵的是一幅绘

·右营东箭道（王鹏　摄影）

·大栅栏（王鹏　摄影）

·南项家胡同（王鹏　摄影）

于清道光年间的天津城郭图，明确标示出旧城内重要建筑的方位，以鼓楼为中心绘出重要道路，建筑包括各处衙门、庙宇、富商巨贾的大宅门、著名的商号等。后院东厢房是宣传“忠孝仁爱”“信义和平”理念的展览，主要展示宋代岳飞精忠报国和明代戚继光勇退倭寇等事迹。西厢房属于科学知识及卫生常识展示，通过图片文字向人们介绍日常卫生疾病常识，倡导养成日常卫生习惯，宣传儿童接种牛痘等，并劝诫民众切勿染上吸毒等不良嗜好损身败家。

清道光年间的《津门保甲图说》中，在大栅栏东首标有一座庙宇，叫“准提庵”。该寺庙在光绪年间仍存在，后庵堂荒废，改为学校，遂逐渐被人们淡忘。旧志之中对城里的准提庵介绍很少，从庵名来看，其供奉的应该是准提菩萨。

·北大水沟（王鹏　摄影）

府署街南边的项家胡同被称为“南项家胡同”，其北口开在府署街上，其南头通到右营前，中部与三圣庵胡同、中营后胡同、右营西箭道相交。全长约 267 米，宽近 4 米。

北大水沟，原是城内排水沟的一段。早年以西门内大街为界，南边叫“南大水沟”，北边叫“北大水沟”。清末水沟填平后形成胡同，但仍沿用原来的地名。该胡同长九十多米，宽两米多，北起右营前胡同，南至西门内大街。

十三、中营原址建学堂

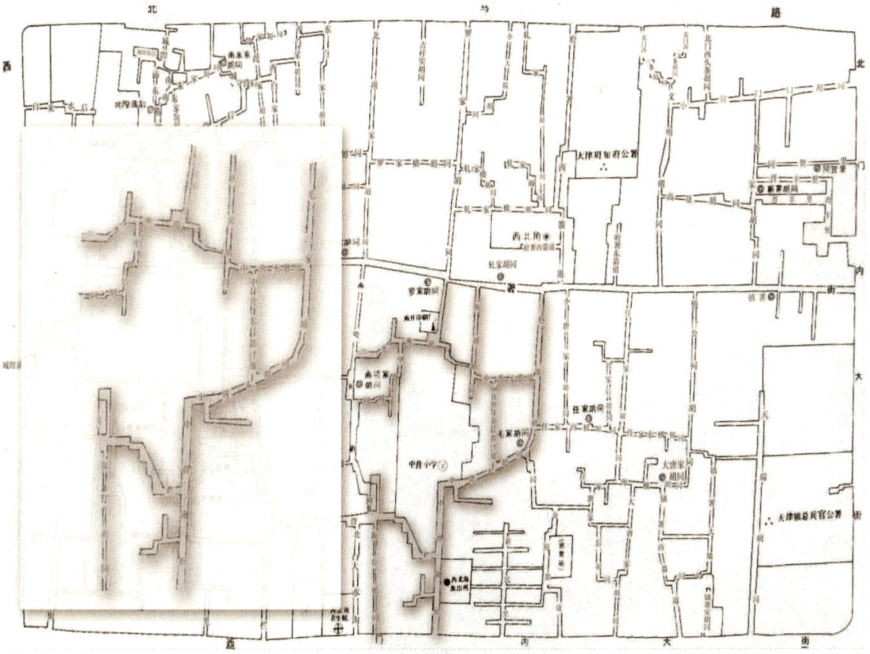

· 中营前街等里巷在天津老城里西北角片的位置

中营前街，顾名思义，地处中营门前。该街道北起中营小学，南至西门内大街，全长约 129 米，近 4 米宽。清咸丰年间，此地建有城守营的总营，因两侧分别建有左、右营，此地还附设神机营，所以此

·位于中营前街的西北角派出所（王鹏　摄影）

·中营前街（王鹏　摄影）

地俗称“中营”。1970年，这里铺设了沥青路面，方便小型机动车通行。建筑方面，除路的西侧有两座二层青砖楼外，其余全是砖木结构平房。

中营前街原先有“神机库”一座。神机营编制撤销后，武器迁走，此地遂荒废。

中营前街北头曾是一片空场，明清时期一直存放垃圾废土，年代久了堆成一座小土丘。八国联军占领天津后，霸占了营房，因嫌门前脏乱，逐步将土丘铲平运走，重新整修。

1906年，中营旧址上建成小学堂，称“省立第一模范小学”，后，改名为“天津官立模范两等小学堂”，由天津近代著名教育家刘宝慈（号竹生）任堂长，此学堂为中营小学前身。2004年，天津旧城改造后，中营小学被完整地保留下来，原有校舍建筑得到修缮和扩建。校内至今保留有“竹生亭”一座，此亭是为纪念刘宝慈校长而建。

中营前街南口有天津著名教育家林墨青先生旧宅，先生在此居住期间创立了民立第一、第二小学堂，曾任天津县劝学所总董等职。

紧临着中营东边有一胡同，清康熙年间，有武举人毛松龄在此购地建房，得名“毛家胡同”。此胡同北起府署街，南部连中营东胡同和分府箭道。民国时期此地开办有中医医馆，坐堂大夫是王养畦。

中营小学北墙外有一片民居，因胡同内有一座三圣庵，因此得名“三圣庵胡同”。此胡同早在清乾隆初年就已形成。三圣庵胡同大致为东西向，中段有一向北岔路通府署街。三圣庵胡同东口连麸房胡同，西边通南项家胡同，且与中营后胡同相交。

·三圣庵胡同（王鹏　摄影）

分府箭道形成于清光绪年间，其北头通毛家胡同，南口在西门内大

·三圣庵旁的南开印刷厂（王鹏　摄影）

街，中段向西通新民里。

麸房胡同，长约80米。因早年该胡同中有一家出售麸子的磨坊，得名“麸房胡同”。胡同北口通府署街，至南端不通，东侧接中营东箭道，西侧与三圣庵胡同相连。

中营前街西侧有一胡同，名字很有特色，叫“取灯胡同”。曾有人说，旧时巡城之人上夜到此处领取灯笼，故得名“取灯胡同”，其实不然。“取灯”就类似现今引火用的火柴，以苇秆类的东西做芯，一头蘸上药物，以摩擦引火。此胡同形成于清咸丰年间，因胡同中有制售取灯的作坊，遂得名。取灯胡同北口通右营前，南口开在西门内大街上，长度不足百米。

·取灯胡同（王鹏　摄影）

十四、大小唐家与任家

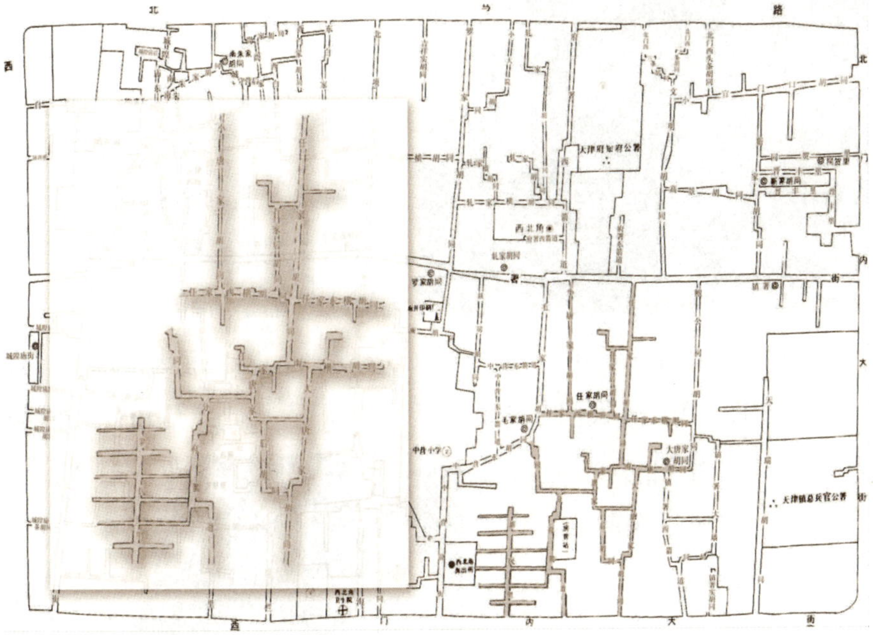

· 大唐家胡同等里巷在天津老城里西北角片的位置

在西门内大街北侧，镇署与分府之间有一片民居，因距离衙门很近，其早期居民多是官员。清同治年间，天津有一位唐道台在此地建房居住，因其宅邸规模大，宅院外围胡同遂被称为“大唐家胡同”，其西侧胡同叫“唐家后胡同”。唐家大宅北侧就是清道光年间的城防官吏任世平的宅邸。

在大唐家胡同北边还有一条小唐家胡同，全长一百多米，约两米宽，其北口通府署街。该胡同两侧均是青砖平房，大致建于清光绪年间，购地建房者是当时的估衣商人唐风彩，因规模小于南侧的

·小唐家胡同（王鹏　摄影）

唐家胡同，人称“小唐家胡同”。

1925 年，大唐家胡同中曾开办有一所义务夜校，叫“四成小学”，1932 年才扩编为正式小学校，1956 年改为唐家胡同小学，同年 8 月并入西门里第二小学。

分府箭道，其北口开在西门内大街上，西侧与新民里的东侧支巷相交。分府箭道东侧建筑都是青砖瓦房，而其西侧紧临的新民里却截然不同，一色的红砖平房，老人们都称此处为“红房子”。此地是清代分府衙门旧址，这片红房子建于 1939 年。新民里东起西门内大街，至北不通行，东西两侧各有六条支巷。巷内曾有日伪反动组织“新民会”，故得名“新民里”，这也成为日本侵略中国的重要罪证。

·新民里（王鹏　摄影）

“新民会”成立于抗日战争时期，是日本帝国主义在华北沦陷区建立的一个反动政治组织。1937 年 12 月，日本侵略者在积极建立伪“中华民国临时政府”的同时，又成立了一个所谓思想团体“新民会”，其主要任务是防共反共，收买汉奸，搜集情报，宣扬“中日亲善”“大东亚共存共荣”等奴化思想，推行日本的治安强化运动，镇压沦陷区人民的反抗；同时，控制沦陷区各机关、学校、工厂、农村和各社会团体，举办各种训练班、讲演会等，推行奴化教育，进行欺骗宣传，直接为日本侵略政策服务。

任家胡同，全长约180米，宽约2.5米，北起府署街，南至任家南横胡同。据记载，清道光年间有城防官吏任世平在此购地建房，故得名。任家东横胡同、任家西横胡同和任家南横胡同均建于清末光绪年间。

·任家胡同（王鹏　摄影）

清光绪年间，任家胡同西边建起民居，形成胡同，南起任家西横胡同，北至任家胡同西侧支路，人称“任家后胡同”。

十五、鲍公祠旁镇署墙

府署街东段南侧有一条鲍公祠胡同，该胡同南起任家南横胡

·鲍公祠胡同等里巷在天津老城里西北角片的位置

·鲍公祠胡同（王鹏　摄影）

同，北至府署街，全长约168米。此地得名很早，在明嘉靖年间，此地建有一座“报功祠”，其中供奉天津兵备副使毛恺，因民间讹传，被称为“鲍公祠”，故此地被称为“鲍公祠胡同”。

毛恺（1506—1570），明嘉靖十四年进士，嘉靖三十三年升任天津兵备副使。当时天津属五方杂处之地，斗殴经常发生，权贵犯法靠贿赂可以逍遥法外，极难治理。毛恺到任后，“以大振公道为先，以不信私书为本”，三年后习俗大变。另外，他组织百姓修堤坝，兴屯田，大力发展生产，此外革除多项不应向民间征收的费用，其本人日常奉行节俭，声誉日隆。毛恺去世后，民间尊称他“毛公”，并在衙门左近建立“报功祠”一座，以示纪念，这就是鲍公祠胡同的由来。

天津著名画家张龢庵就曾住在鲍公祠胡同内。据《津门杂记》记载，张龢庵名兆祥，字龢庵，善画花鸟，兼通西洋照相法，早年曾师从画家孟绣村。1892 年，张龢庵曾为文美斋南纸局绘制《百花诗笺谱》，后纸局采用传统水印法多次刷印，风靡全国。他还曾用双勾画法为文美斋制作信笺数十幅，深得顾客喜爱。

现今在城厢中路与北城街交口处有一座中西合璧的小洋楼饭店，其字号是冯骥才先生题写的，叫“卫鼎轩”，主要经营天津菜。这个位置早年就是府署街与北门内大街交口处，“大仪门”南侧。这组建筑坐东朝西，早年间的门牌是北门里 100 号。其东侧原有四合院一座，修建鼓楼商贸街时被拆除，只保留了后院及南侧跨院，三层中西合璧的小楼就坐落在靠北的大院内。因为城里民居多为明清遗留下来的传统中式砖木建筑，像这样中西合璧的小洋楼实属罕见，多年来一直盛传此建筑是民国大总统曹锟的外宅。其实不然，这座大宅原来的主人是德孚洋行总经理孙

·孙家大楼局部（王鹏　摄影）

润生，其后人一直居住到拆迁前。

在鼓楼西北方临街，明清时是天津镇总兵官公署衙门，俗称“镇台衙门”或“镇署”。总兵官是明清两代地方重要武职官员，虽无品级，也没有职官定员，但一旦战事爆发，可佩将军印信带兵出征，直到清乾隆以后，逐步改为地方常驻武官，上受提督节制，下辖部队，成为“镇”，因此总兵官又被称为“总镇”或“镇台”，一般称“总兵”。清代沿袭明代旧制，在天津设总兵一职，受提督节制，但其出身必须是绿营兵的高级武官。民国时期，总兵官公署衙门被废除，当地驻军由镇守使管辖。天津镇总兵官公署衙门被拆除后，地皮被陆续出售建房，旧迹已荡然无存，但其四周早年形成的地名一直沿用到旧城改造前。

围绕镇署最早的胡同形成在清乾隆年间，位置在镇署西侧，名“镇署西箭道”。该胡同北起任家南横胡同，南至西门内大街，东侧有支巷通镇署大墙胡同。清光绪年间，已近荒废的镇署南侧，有人建房形成胡同，该胡同南口开在西门内大街上，至北端不通行，只有 20 多米长，称“镇署实胡同”。镇署旧址东面的胡同叫“镇署大墙胡同”，该胡同西起鲍公祠胡同，向东转南，又圈向西，与镇署西箭道相交，全长约 214 米，宽约 1 米，其东侧临街处，就是镇署西大墙旧址，旧镇署被拆除后，留此地名。

· 镇署西箭道（王鹏　摄影）

天瑞胡同，曾是一片荒地，1937 年，高云凤在此开

·镇署实胡同（王鹏　摄影）

·镇署大墙胡同（王鹏　摄影）

设天瑞煤厂，后四周建起平房形成胡同，得名“天瑞胡同”。1978 年，该胡同内铺设了柏油路面。

第四章 百姓安居西南角

天津老城里西南角片，因早年有城内最大的水坑用来排放城内生活污水，所以整体呈东北高、西南低之走势。至今西南角一带遇到大雨，积水还很严重。西南角片没有大型的衙门建筑或政府机关，路径多沿早年排水沟渠修建，放眼望去，胡同里巷多为南北走向。区域上以小马路、大水沟等主要干道为分界线，东部建筑多形成较早，民居基本以涌泉寺、火神庙、达摩庵、碱台子等几处明代旧迹或台地为中心环绕建设，西半部分早年有一污水坑，到了清末随着外来人口陆续涌入城内，此地渐渐填平，形成新的居民区。所以西南角片，东边胡同多杂乱无章，西边街道却略显整齐。

西南角片的胡同名称多来自庙宇和商铺字号。自清末，此地即以西马路棉布业和南马路五金业最为繁荣，久而久之，成为整个华北地区棉布类和五金类产品的重要集散地。

百姓安居西南角

· 西南角片局部俯瞰（王鹏　摄影）

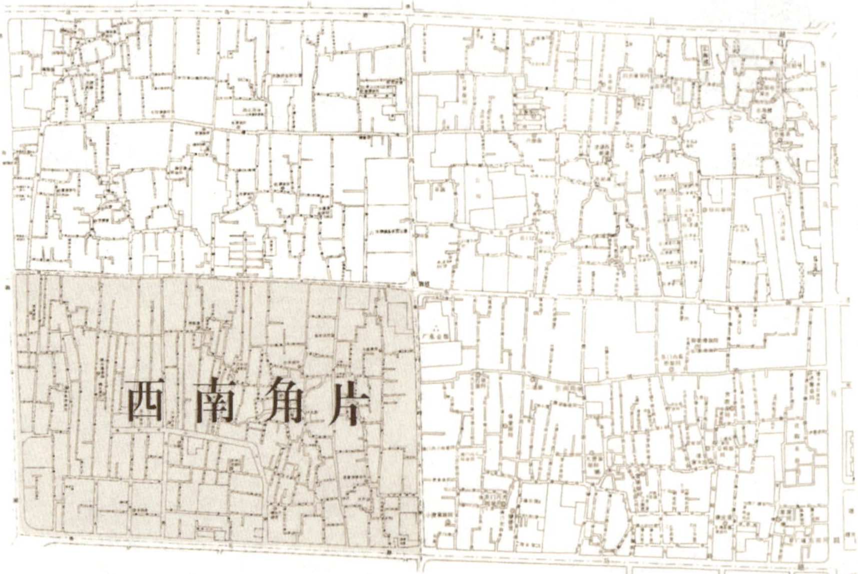

· 西南角片在天津老城里的位置示意

一、大寺涌泉迹难寻

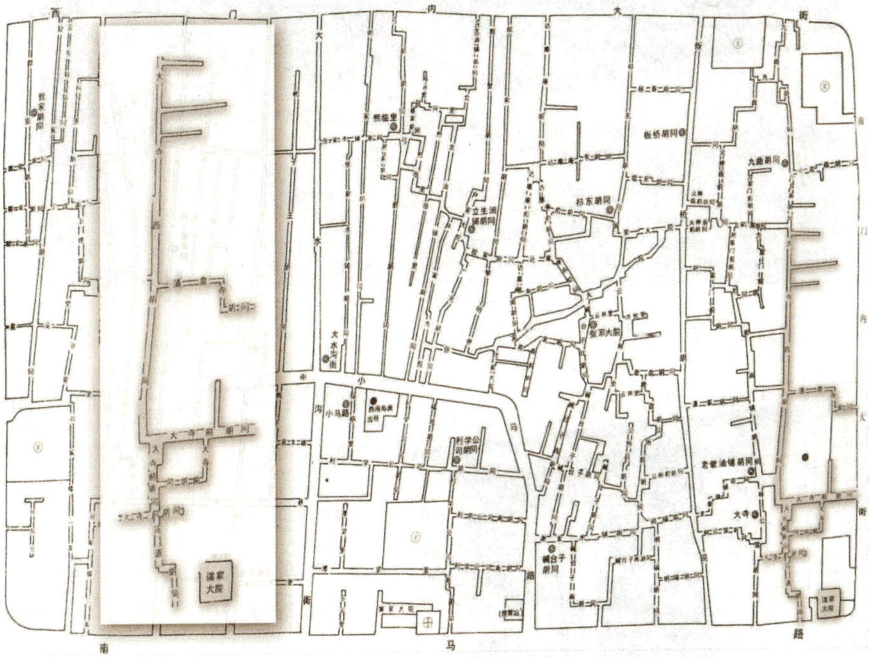

·大寺西胡同等里巷在天津老城里西南角片的位置

南门里的大寺前胡同，既然名字里有“大寺”的字眼，说明此地早年肯定建有规模很大的寺庙。一点没错，这座庙的名字叫“涌泉寺”，可惜此庙在清中期以后就逐渐荒废了。大约在清康熙年间，大寺西侧开始有人建房居住，到同治年间，大寺南侧也逐步形成民居，这些胡同被命名为大寺前胡同（含大寺东胡同）、大寺西胡同、涌泉寺胡同。

关于涌泉寺的修建有这样一个传说。相传明代开国皇帝朱元

·南门里电话局为涌泉寺旧址（王鹏　摄影）

·大寺居民委员会（王鹏　摄影）

璋驾崩，其子燕王朱棣打着“靖难”的旗号发动政变。就在燕王乘船由运河南下之时，见运河西南岸有观音寺一座，于是发愿，如得帝位，当重修庙宇，并在此设卫建城。后来朱棣继承大统，定都北京，于永乐二年在此建卫城，以“天子津渡”之意，取名“天津”，并在南门里大兴土木，重修观音寺。因建寺时院内地面下有甘泉涌出，遂赐名“涌泉寺”。在正史记载中，这涌泉寺在明宣德年间声誉日隆，明宣宗朱瞻基征讨乐安州时，在此渡河，特御赐金幡两面，自此涌泉寺名声大振。明正统年间，漕运参将汤节又对该庙进行了扩建，到了明弘治年间，涌泉寺已成为天津卫城内最大的寺庙。明清以来，天津卫地处水旱要冲、京畿门户，南方官员进京面圣必要经过天津，按旧制，进京官员要在涌泉寺学习礼仪，每年重要纪念日，如皇帝圣诞之日等，也在涌泉寺举行庆贺典礼。明弘治年间，天津卫设按察副使一职，第一任按察副使刘福，见涌泉寺规制不能满足日常举行典礼的需要，再次大规模扩建。清康熙年间编纂的《天津卫志》中有一篇天津重修涌泉寺的旧记是这样记载的："我文庙入靖内难，自小直沽渡跸而南，名其地曰'天津'……公(刘福)以每年圣旦令节……必先习仪于所谓涌泉寺者……乃募工鸠材，拓地若干步……由是习仪之际陛墀高广，宫宇靓深，仪卫具陈。"由此可见涌泉寺在天津卫城的重要性。

另外据史料记载，清光绪年间，时任天津海关道的盛宣怀，因见天津地方绅民自办"乡约局"巡缉地方，虽效果甚好，但终因属民间组织，遇事往往责权有限，处事掣肘，遂倡导创办官立"守望局"，协同民间"乡约局"，分段巡查地方，以及入夜巡逻，保地方安全，其总局公堂便设在南门里涌泉寺旧址前院。

20 世纪 90 年代因开通城厢中路，涌泉寺胡同周围民居被拆除，此地名也就随之消失。涌泉寺胡同长约 80 米，宽只有 1.5 米，其东口通南门内大街，西口连大寺西胡同，住家只有 10 多户。拆迁前，路两侧全是青砖平房。巷内曾开设有西南角文化站和老年人协会。

大寺前胡同，该胡同加上岔路呈"口"字形。"口"字东北角通南门内大街，这一段早年间叫"大寺东胡同"。1954 年整合地名，大寺东胡同并入大寺前胡同。大寺前胡同 32 号院保留有完整的清代建筑群，朱红漆的大门朝东，四方的门墩没有华丽的石雕。其规模虽不比大宅门宽大，但也格局敞亮，正房、厢房全是青砖瓦房，年代久了，房檐两角的博风板都已脱落，但门窗基本都保留着，虽没有过多

·大寺前胡同（王鹏　摄影）

的装饰，但显得幽静朴实。

大寺西胡同，长约257米，宽约2米，两侧基本都是青砖平房。该胡同建成较早，两侧遗存不少清代平房院落，如门牌20号、30号、31号等院落，形制基本相同，都有精美的砖雕影壁或木雕。

1919年，大寺西胡同内曾经有一座私立崇实小学，1929年扩建校舍后办学至“七七事变”前夕。

·大寺西胡同（王鹏　摄影）

日伪占领期间办学中断，1946 年恢复办学。新中国成立后，该校于 1952 年与慈佑小学合并，改为二区第十小学，1956 年更名为城厢区大寺西小学，同年又与达摩庵小学合并。

大寺前胡同南口连着的一条小胡同，叫“马道胡同”，顾名思义，应该是骑马走的道路。此地东临南门，位置应该在南门西侧，城墙内墙根。此处原有砖砌慢坡登城马道，可由此骑马登城，故名“马道胡同”。旧时为便于行走，天津旧城四门、四角楼靠城内一侧均建有此类慢坡马道，可惜 1901 年城墙被拆除，此地也仅剩马道胡同的地名了。马道胡同只有五十多米长，两米多宽，其南口通南马路。1902 年此地开始建房形成胡同。拆迁前，此处有居民二十多户，住房多为早年留下来的砖木平房。

马道胡同东边有一很小的实胡同，名“谌家大院”，其南口开在南马路上。这条胡同只有约 20 米长，居民十多户。大约在清光绪年间，有谌姓兄弟二人在此置地建房，后形成胡同，故得名“谌家大院”。

二、林公馆旁荤油铺

大寺前胡同西边连接林公馆胡同，此胡同呈“丫”字形，其南口通南马路，北部右岔路通老荤油铺胡同，左岔路通板桥胡同。该胡同全长不到 200 米，约 2.5 米宽，周边全是青砖瓦房的小院落，拆迁前有居民七十多户。此胡同形成于清光绪年间。清末，直隶候补道林葆恒居津候差时曾在此胡同内建房居住，其宅院人称“林公馆”，

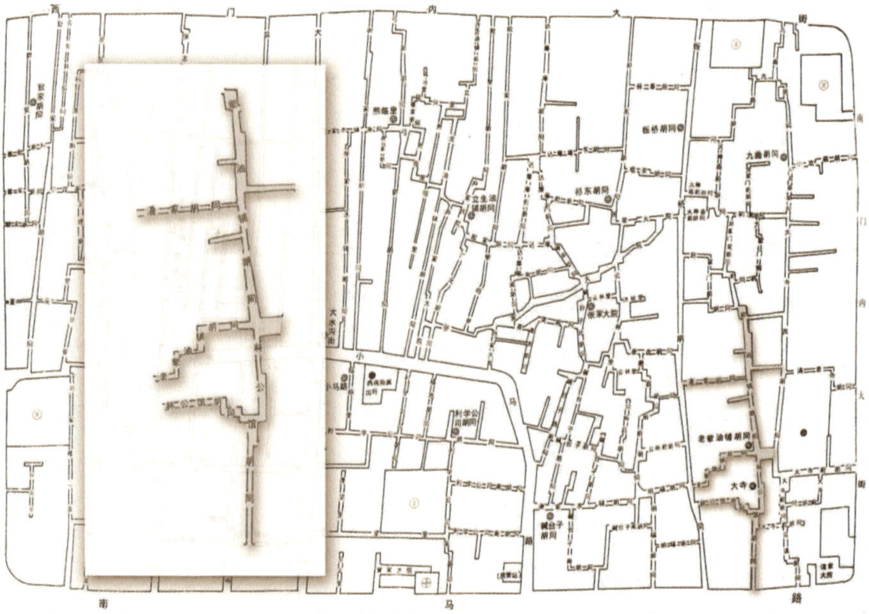

·林公馆胡同等里巷在天津老城里西南角片的位置

·修建城厢中路后林公馆胡同剩余部分

（王鹏　摄影）

林公平日乐善好施，修桥补路多行善举，深得乡人敬重，因而在巷口建有“乐善好施”牌坊一座，所以早年间人称此胡同为“乐善好施胡同”，后因与东马路的乐善好施巷重名，遂改称“林公馆胡同”。

林葆恒，清末举人。居津候差期间，曾任直隶总督兼北洋大臣李鸿章的幕僚，曾任管理直隶省司法工作的直隶提法使。辛亥革命后，林葆恒弃官投身实业，于1917年联合通惠公司总裁孙多森创办实业，先后任河南新乡通丰面粉厂经理、山东烟台精盐厂经理等职。

从林公馆胡同向北，就是老荤油铺胡同。此地在清光绪年间建起民居，形成胡同。老荤油铺胡同长近250米，宽约3米，东侧两条岔路通大寺西胡同，南口向西拐，通板桥胡同，中部与潘家胡同相交。20世纪70年代以前，此地全是土路，1978年改造城厢环境，铺设了柏油路面。

·老荤油铺胡同（王鹏 摄影）

清末，天津被辟为商埠，大量本地土特产品，如茶叶、猪鬃、羊肠、荤油、干果等均是出口热销商品。桶装荤油主要出口欧洲、东南亚地区，由于销量极大，在天津本地就出现了一批加工荤油的作坊。当然城里的荤油铺规模小、产量少，主要面向本地老百姓。城里售卖荤油的作坊很少，老荤油铺胡同上的这家荤油铺子一直生意兴旺，可惜后来因一场大火将厂房、铺面焚毁，该铺破产倒闭，但老荤油铺胡同的地名一直沿用了下来。

据记载，这家荤油铺的店主姓杨。“荤油”，顾名思义，其来源是猪的脂肪。旧时榨油工艺落后，不像现在，有花生油、大豆油、橄榄油等植物油脂，那时做菜多用动物脂肪炼制的荤油。这家荤油铺卖的荤油稍微讲究点，按炼制原料分两种成品。一种质量较高的，用上好猪板油炼制，切碎的板油用大锅加热熬炼，并添加香料，熬好后趁热倒入特制的小罐中，冷却后形成色泽洁白的凝脂，香气扑鼻，再加盖密封，贴上油铺的“门票”出售。这种荤油口感醇香，经久不坏。而炼油剩下的油渣也由荤油铺出售，居民买回后可炒菜、做馅。另一种质量稍差的荤油，使用包裹于下水外边的网油炼制，同样也添加香料，但炼制时，由于下水含水分较多，油脂漂于水面，要用大勺撇出，冷却后因含水分高，故硬度不足，且颜色偏黄。此种荤油被形象地称为“水油”或“浮油”，其价格也较为低廉。

老城拆迁前，城厢中路拐角处的南侧，有一座装饰着瓦垄的灰色券门，上边用隶书写着“老荤油铺胡同”，并刷着红漆，格外醒目。这是修路时，老荤油铺胡同拆迁余下的南头部分，路两侧一共剩下四个小院，为了美观，对路口做了整修。这说明现今城厢中路西段就是沿着老荤油铺胡同向北修的。拆迁前，老荤油铺胡同28号院落保存较好，大门朝东，四方门墩雕有瑞兽图案，但年代久远，已模糊不清，其门额有缠枝花草的木雕，均是透雕工艺。据老住户介绍，该

·修建城厢中路后老荤油铺胡同剩余部分（王鹏　摄影）

院北房连同影壁早年被拆除重建，用的是红砖，但门窗全是原件，质量之好可见一斑。

·潘家胡同（王鹏 摄影）

老荤油铺胡同中段与一条五十多米长的东西向小胡同相交，该胡同名为“潘家胡同”，大致有两米宽，其西头连接板桥胡同。潘家胡同两侧的砖木结构民居始建于清末，民国初年随着西马路棉布交易日渐繁荣，大量商人来到城里，有潘姓棉布商人在此建房定居，遂将此胡同命名为“潘家胡同”。20 世纪 70 年代末，该胡同铺设了柏油路面，方便小型机动车通行。修城厢中路，就是沿潘家胡同口截断老荤油铺胡同的。

三、火神庙前大宅门

沿老荤油铺胡同向北，有一大片平房民居，其间的胡同呈“8”字形，“8”的两个圆圈分别是方家门前胡同和赵家门前胡同。顾名思义，此地曾有方、赵两家的宅院。

· 火神庙前胡同等里巷在天津老城里西南角片的位置

方家门前胡同东起小双庙胡同与大寺西胡同交口处，西头连接火神庙前胡同，南北两头均有不通行的岔路。该胡同总长约168米，宽约2.5米，路两侧为砖木平房。大约在清光绪年间，有方姓官宦人家定居于此，因其家族居住的宅院广大，于其大门前形成的胡同就俗称“方家门前”。1983年地名普查时，因重名，改为“方家门前胡同”。此地同样在20世纪70年代末统一铺设了柏油路面。20世纪90年代末修城厢中路时，新路正好从方家门前胡同经过，所以2003年整体拆迁前，此胡同只剩与大寺西胡同相交的

· 方家门前胡同（王鹏　摄影）

胡同口了。

赵家门前胡同，大约在清同治年间，有赵姓富商在此建宅院，其门前陆续建房形成胡同后，命名"为赵家门前胡同"。此胡同北起方家门前胡同和火神庙前胡同的交口，西面有两条岔路通板桥胡同，南口向东拐连接老荤油铺胡同。赵家门前胡同全长约 180 米，约 4 米宽，两侧均是砖木平房。在胡同较宽处，路边铺设有半米宽的砖砌便道。修城厢中路时，于该胡同东头，与方家门前胡同的交口处截断，路口南侧有一青砖房屋，其在胡同口转角处的抹角装饰甚是精美。

· 赵家门前胡同（王鹏　摄影）

火神庙为供奉火神之庙宇。天津城里的火神庙，关于其修建年代，一说是明，一说大致在清康熙后期或乾隆早期。翻看乾隆年间编撰的《天津府志》，"天津府城图"的相应位置上，有图画标示出一座坐西朝东的庙宇，叫"火神庙"。而康熙年间成书的《天津卫志》中，不论是卫城图还是后边的文字介绍均未提到火神庙，笔者据此推断，火神庙应修建于康熙朝后期。而清光绪年间编纂的《重修天津府志》中，在府城全图的相应位置有标示火神庙，可庙宇条目下却没有火神庙的记载了，不知是否此时火神庙已荒废。这座火神庙属于官方庙宇，有别于一般民间庙宇，此庙每年均有官办祭祀，咸丰、同治皇帝都曾御赐匾额，可见天津城里的火神庙地位之高。

・火神庙前胡同（王鹏　摄影）

火神庙坐落在板桥胡同路西，庙门朝东，其门前一带被称为“火神庙前”。清咸丰年间，此地陆续建房形成胡同，统称“火神庙前胡同”。胡同北起九曲胡同，向南行50多米与方家门前胡同、赵家门前胡同相交。该胡同算上支路，全长约120米，宽约2米。胡同南端有一空场，空场西边有两条支路通向板桥胡同。修建城厢中路时，胡同以东的建筑连同方家门前胡同这片一起被拆除了。火神庙前胡同周边建筑多是青砖平房，有几座规规矩矩的小四合院，只在连接板桥胡同的北侧支路上，有一宅院建有二层青砖小楼。

火神庙前胡同西口与板桥胡同相交，路口西边是一座三层红砖楼房，楼门口很小，进门豁然开朗，此楼呈口字形，中间有三百多平方米的天井，采光很好，形成院落。拆迁前，此地已多次改造，形成大杂院，破旧不堪，谁能想到，此处便是天津最早的女子学堂——普育女子学堂的旧址。

清末，随着西方新学潮流涌入，人们的思想逐步开放，摒弃了“女子无才便是德”“大门不出二门不迈”的封建束缚，女性逐步开始接受科学文化教育，走向社会。光绪年间，没落的清政府开始提倡兴学。1905年，津门名士温世霖创办了普育女子学堂，后该校迁至火神庙旧址。普育女子学堂开津门女子教育之先河，是天津第一座现代女子学校。新中国成立后，该校迁至广东会馆前院，更名为“天津第三女子中学”。

·普育女子学堂旧址（王鹏　摄影）

普育女子学堂迁入火神庙旧址后，将庙内大殿和偏殿均改建成二层的楼房，其内部开辟为教室。因周边均是平房没有遮挡，教室内光线充足。楼房围成的天井形成院落，平整后作为学校操场，可供女学生们进行球类、器械类等户外体育活动。东侧原火神庙前殿和山门保留作为学校校门之用，门前即是火神庙前胡同。据长者回忆，该庙门一直保留到 20 世纪 30 年代。此外，学校偏院还开设有蒙养园一处，是天津最早的幼儿园，由温世霖先生的夫人安桐君女士任园长。

·普育女子学堂旧址内景（王鹏　摄影）

后该校迁至广东会馆南侧，火神庙这处旧址曾先后作为教职工宿舍、城厢区委宿舍，逐渐变成民居大杂院。拆迁前的红砖楼房是 1976 年大地震后翻建的，虽格局未变，但只有南侧楼的一楼依稀看得出原先教室的宽大窗户，其他全改建成一门一窗的宿舍形式了。

沿大寺西胡同一路向北，刚过方家门前胡同口，就是小双庙胡同。该胡同的北头连接九曲胡同，在与九曲胡同的交口处折向东，连接南门内大街。该胡同全长约128米，宽约2米，路两侧全是青砖平房。清道光年间此地叫“倪家胡同”。清光绪年间，此处西侧民居墙壁上建有一座佛龛，其内供奉武圣关公和观世音菩萨，佛龛前设供桌香炉，虽规模较小，但香火很旺，因而此地得名“小双庙”。该佛龛于20世纪30年代被拆毁，但周边一直沿用小双庙为地名。

天津著名音乐家杨芝华先生（1874—1948）就曾住在小双庙胡同9号。杨先生名芝华，字学川，天津著名民乐家、音乐教育家。杨先生从辛亥革命前便开始参加音乐活动，自青年时代就开始从事音乐教育工作。他还是“天津十番乐”的重要传人，曾在天津女子师范学校、南开中学等多所学校任教。抗日战争时期，日伪当局在津学校推行奴化教育，要求音乐课教授宣扬亲善共荣的歌曲，而杨先生的音乐课只教授传统爱国歌曲，激励学生的爱国之心和民族自尊心，令人敬佩！杨先生培养了如刘吉典、杨大明、熊履方、邹轲、陈嘉瑞等一批造诣较深的民乐家。

四、九曲胡同问津院

小双庙胡同东口北侧，有一个平房院落，门牌是南门内大街38号，这就是天津最早的学堂之一“问津书院”的旧址。书院始建于清

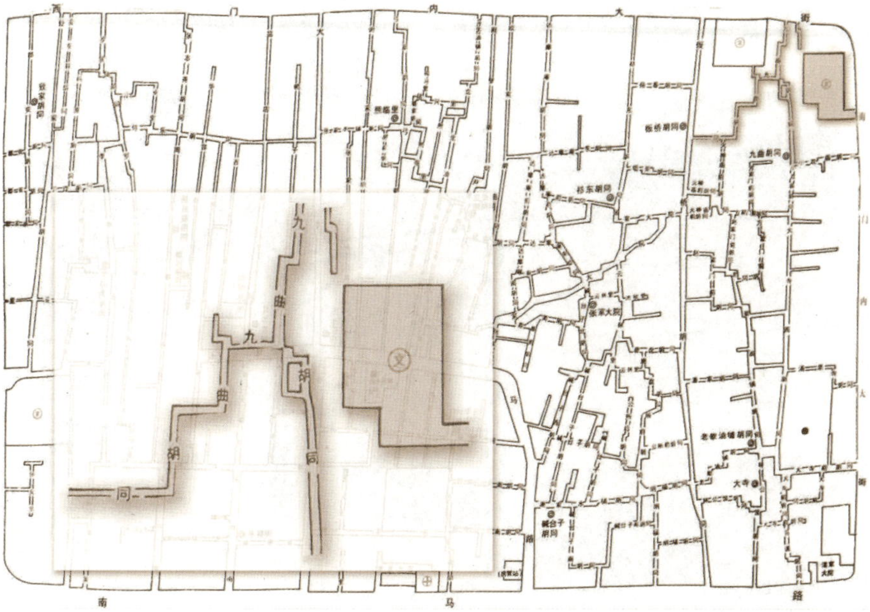

·九曲胡同在天津老城里西南角片的位置

乾隆十六年八月，转年二月落成，由当时大盐商查为义捐献鼓楼南一处宅基地作为院址，长芦盐运使卢见曾（即卢雅雨）报请直隶总督方观承、长芦盐政高恒等捐资兴建，办学目的是“延师选士”“肄业讲学”，每月初二、十六为童生授课两次。早年间，书院规模很大，总共六十四间房，占地两千多平方米，大门朝东开，门后有照壁一座；院中间建有三开间讲堂一座，悬挂“学海堂”匾额一块，传说为刑部侍郎钱陈群题写；讲堂后是山长书室，东西两侧环以教室，后有后门。卢见曾撰写的《问津书院碑记》记载有书院名称的由来：“孔子之道犹海也，学者蕲至乎道而止。今之制义，其津筏也，学者因文见道，譬如泛海者正趋鼓楫，候劲风……不能达者皆不得其津者也。”

书院隶属于长芦都转盐运使司，包括教师聘资等一切开销皆由使司衙门在“闲款生息”一项内支取。授课主要面向科举应试科目，包括诗赋、乐府等，清光绪四年又增设古经课程，津门名士卢见曾、管椒轩、叶筠潭、杨慰农等曾先后在此任教。学员多为津门豪门子

· 问津书院旧址

弟。李鸿章任直隶总督时曾在书院内开办书局，所印之书按原值售予学院，以鼓励学员奋发努力。据记载，书院在清乾隆五十七年进行过一次大修，主持者是当时的长芦盐运使，后书院在 1900 年遭到破坏，只余讲堂三间。当时的院长李嘉瑞补书的“学海堂”匾额由伙工王恩荣藏匿而幸免于难，实为幸事。

1900 年后，书院恢复。1904 年，天津民立两等第二小学堂由文庙迁入书院，以适应兴办新学之制度。学校于 1911 年更名为“天津民立第二小学堂”，由袁世凯手书匾额一块，悬挂在正门；1926 年再次更名，称“私立第二小学”；1936 年又易名为“问津小学”。新中国成立后，该校于 1956 年改名为“城厢区南门里小学”，1960 年改名为“南门里小学”，并沿用至旧城拆迁。2004 年以后，津源中学一度以此为校舍。至今，书院保留下来的讲堂仅余两间，后院一株古槐直径达两米多，当是书院历史的见证者。

小双庙胡同与南门内大街交口不远处，原有一座中型四合院，人称祁家大院，主人就是老南市最有名的澡堂子“玉清池”的东家祁霈霖。其正门门牌是南门内大街 42 号，原为三进四合院，修建鼓楼商业街时，其倒座和第一进院落被拆除。现二道门临街，进门过厅前出廊后出厦，里进院正房同样出前廊，廊柱间配有玻璃花罩，地面花砖也都是原件，硬山式屋顶全部用寿字的瓦当。1998 年祁家大院被定为南开区文物保护单位，目前此建筑群整修后被辟为私人博物馆“格格府”，并对外开放，游人可一窥传统民居的风貌。

祁家父子也是天津卫家喻户晓的人物。祁霈霖生于 1874 年，世居天津，以经营鲜货铺起家，独资经营祥顺合、源顺合两家鲜货铺和义顺合干货铺。其子祁卜五，早年毕业于北京内务部高等警官学校，后返津任天津正昌烟草公司经理。1926 年烟草公司停业后，祁卜五子承父业，接管干鲜果品生意，因经营有方，货品质量上乘，生意蒸蒸日上，成为当时天津市面最大的鲜货商，其干货蜜饯也行销海外。副经理刘琬璋，绰号“西瓜刘”，曾任天津鲜货业公会会长，祁霈霖也被同行公推为天津鲜货研究所所长。

· 祁家大院的影壁

相传 1922 年，祁霈霖去南市一处澡堂洗澡，因修脚时受澡堂掌柜言语挤对，遂决心自家经营一座一流澡堂。1923 年，祁霈霖购置南市荣吉大街和永安大街交口地皮三亩，投资四十万元建起了当时号称华北第一池的

“玉清池”，由其子祁卜五任经理。玉清池总建筑面积5167平方米，分南北两座楼，中间有天桥连接，是当时南市一带最高建筑。楼内安装有当时最新式的德国西门子电梯（这可是天津第二部电梯，第一部在利顺德大饭店）。由于设施、服务一流，该澡堂深得社会名流、军政要员的钟爱，像张作霖、倪嗣冲、张宗昌等大军阀都常年在此订有包厢。此建筑施工用材、建筑工艺均属上乘，多年后还完好地矗立在繁华的闹市之中，成为南市一带的标志性建筑。

·九曲胡同（王鹏　摄影）

板桥胡同东侧最北端，有一条九曲胡同，原名“九道弯胡同”。该胡同形成年代较早，在清道光年间的《津门保甲图说》中便有记载，因其路径弯弯曲曲而得名。该胡同北头通西门内大街，南头东边岔路连接小双庙胡同，西边岔路连接板桥胡同。在清代，此胡同中曾建有一座财神庙，可惜鲜有记载。九道弯胡同全长近三百米，宽的地方胡同两侧能铺设半米宽砖砌便道，窄处只有两米不到。1982年地名普查时，因重名，更名为“九曲胡同”。笔者亲自数过，九曲胡同除连接板桥胡同的支路是三个拐弯，其余三条支路都是两道拐弯，加一起还真是“九道弯”，不信您可以查查早年间的地图。

五、板桥胡同梅家贵

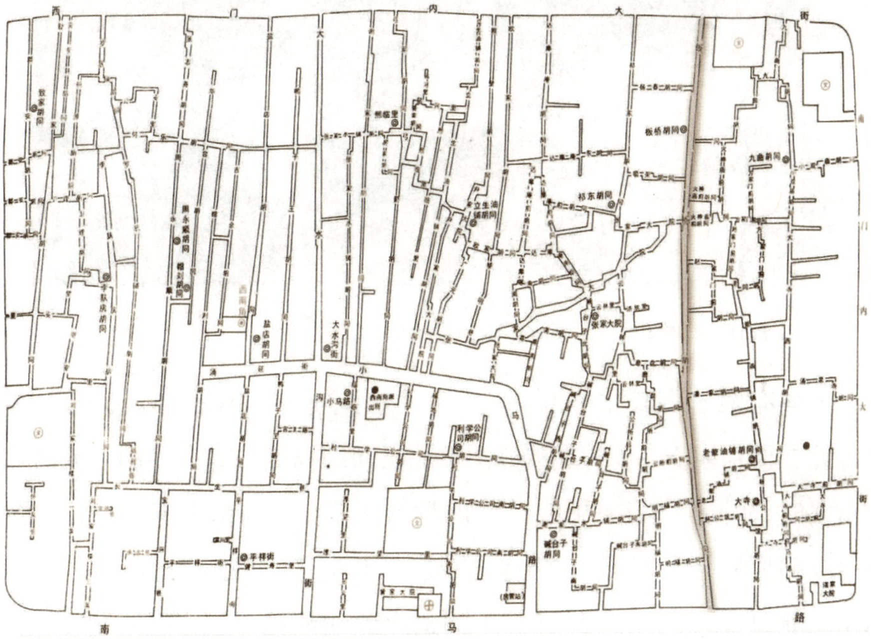

·板桥胡同在天津老城里西南角片的位置

南北向贯通西南角这片的板桥胡同，可是老城知名度很高的地方。胡同宽阔，是连接南马路和西门内大街的主干道。胡同东西两侧共有16个胡同口，以板桥胡同为中轴通向周边重要的居民点。过去，凡是住在这周边的居民，提到居住地，多在前边冠上“板桥胡同”四字，如板桥胡同火神庙前、板桥胡同张家大院、板桥胡同云林里等等，由此可见板桥胡同是西南角片颇有代表性的胡同。此胡同大约形成于明末清初，由于旧城西南偏低洼，此地原有排放污水的水沟通向西南城角水坑，历来影响交通，为便于沟边居民往来，在水沟南

·板桥胡同南口（王鹏　摄影）

口上建有两米多长木板桥一座，久之，水沟废弃填平，形成街道，遂将此胡同命名为“板桥胡同”。板桥胡同南口开在南马路上，拓宽南马路时，胡同口临街的二层小楼均被拆除，胡同口北退了十来米。南马路原先是旧城墙基，地势较高，所以进胡同是下坡路面。板桥胡同北口开在西门内大街上。这条南北向胡同全长约530米，宽约3米，1977年铺设了柏油路面，两边设有人行道，并种植有白蜡树。20世纪30年代，此地曾一度被改称“三条胡同”，后来可能因为城里叫“三条胡同”的地名太多，就又改回原名。板桥胡同西侧，自北向南依次通杨春胡同、顺荣胡同、张家大院、磨盘胡同、公所前胡同和明福胡同，东侧自北向南依次与九曲胡同、火神庙前胡同、赵家门前胡同、潘家胡同、老荤油铺胡同和林公馆胡同相交。板桥胡同两侧的民居多为砖木平房，因交通便利，其周边有许多重要建筑，明清以来，胡同两侧曾有火神庙、财神庙、涌泉寺等。

相传这板桥胡同的一所大杂院里住着个刘二爷，以拉胶皮为生,孤身一个人,左邻右舍谁家做了费事的吃食经常给刘二爷送点,刘二爷也买点糖果装盘子里送给人家,表示感谢,可有一次闹了个笑话。这天进伏,天津人应时到节应该吃头伏的饺子,二爷一看邻居们都在剁馅擀皮忙活着,一心想着一会儿准有人给送饺子,就开始剥蒜,可没承想,周围邻居们一看二爷剥蒜,都以为头伏饺子有着落了,就都没给他送。二爷等到天黑也没吃上饺子,一生气,把蒜一扔,埋怨自己:“你急着剥蒜干吗! 这可倒好,两耽误!”于是留下了一句天津著名的俏皮话:“刘二爷剥蒜——两耽误。”

·板桥胡同与火神庙胡同交口(王鹏 摄影)

这板桥胡同之所以出名的另一个原因,是此地曾居住着天津卫的名门望族——“板桥胡同梅家”。梅氏一族祖籍江苏武进县,其远祖梅殷娶了明太祖朱元璋的女儿宁国公主。天津设卫建城后,梅殷的后世子孙梅满儿,任第一任天津右卫指挥使,举家迁津定居。此为天津梅家的始祖。明代,梅家世代为武职。入清以后,梅家改换门风,成为清贫的读书之家,市井间称之为“寒梅”。据戴愚庵《沽水旧闻》记载,清同治七年,梅氏后人因家境清贫,生活无着,以致在金声茶园顺手盗拔正在看戏的某乡绅腰间所插之烟袋,当场被捉,乡绅发现盗者居然是梅氏后人,因贫不得已而为之,不但不予追究,反聘为西席,这就留下了天津另一句著名的俏皮话:“梅先生拔烟袋——不得已而为之。”梅氏后人多出俊杰，如水西庄著名的梅花诗社创始人梅成栋，他与崔旭并称“燕南二俊”，其子梅宝璐，曾为天津旧城鼓楼抱柱撰写楹联：“高敞快登临，看七十二沽往来帆影；繁华谁唤醒，听一百八杵早晚钟声。”

板桥胡同以西，大水沟以东，就是老城西南角片的中心地带。此地大致分四小片：北侧东半部分多是以达摩庵为中心衍生出来的地名，也有少量以姓氏命名的胡同；北侧西半部分多是南北向平行胡同，命名多采用买卖字号或姓氏；南侧以小马路为分界，其东侧地名多从“碱台子”和“公所”衍生而来，也有少量以姓氏命名的胡同；小马路西侧民居形成较晚，胡同多以新式吉祥词语命名，且民居里巷规划较为整齐。

六、达摩庵旁民居多

清康熙年间，在西门内大街南侧、板桥胡同的西边建有一座达摩庵。这座庵堂，在清初的《天津府志》的城郭全图中已有标示。据记载，这座达摩庵建于清康熙年间，主要供奉达摩祖师，但旧志中虽标有名条，却没有详细介绍。后达摩庵被毁，其规模形制已无从查考。庵堂旧址旁建房形成的胡同，就命名为“达摩庵胡同”。该胡同北起西门内大街，南头与达摩庵东胡同相交，中部有一向东岔路，至东头不通行。达摩庵胡同长约 180 米，宽约 2 米，胡同内多砖木平房。有趣的是，此地原有商铺专门出售舶来品，如火柴、蜡烛、煤油灯等洋货，故又被人们戏称为“鬼子铺胡同”。

·达摩庵胡同等里巷在天津老城里西南角片的位置

清末，达摩庵南侧的大片区域逐渐形成胡同民居，按其各自的方位被命名为“达摩庵前胡同”“达摩庵东胡同”“达摩庵南胡同”。该地民居多围绕达摩庵陆续兴建，缺乏整体规划，胡同较杂乱。1977 年，此处统一铺设了柏油路面。

·达摩庵胡同（王鹏　摄影）

达摩庵东胡同是一条东西向道路，东头连接祁东胡同，西头连欧

·达摩庵东胡同（王鹏　摄影）

家胡同，并与达摩庵胡同、达摩前胡同相交，全长约108米，宽约2米。此胡同形成于清同治年间，是达摩庵以南建成最早的胡同。胡同两侧建筑大都是砖木结构平房，清代院落保存下来的不多，不少都是1976年地震后用青、红砖混建的。

达摩庵前胡同由几条岔路组成，加在一起超过200米。东首岔路圈向西，围成圆圈。几条岔路于北头汇聚一起，与达摩庵东胡同相交，交口地势宽阔，拆迁前曾有一株高大桑树，周围住户多在此聚集乘凉，地上总能看到孩子们“跳房子”留下的粉笔印。此地民居兴建于清同治年间。

·达摩庵南胡同（王鹏　摄影）

达摩庵南胡同，其南头与张家大院相交，有几条岔路，胡同全长约158米，有些岔路很窄，不到两米宽，两辆自行车都无法并行。周边民居多是砖木平房，兴建于清光绪年间。胡同中

22号院落基本保存了旧貌,院门不甚高大,但门额木雕精美,院内青砖墁地,葡萄架遮天蔽日。达摩庵南胡同中曾开有织染作坊一家,名“成业号”,东家是姚炳臣。

达摩庵胡同这片民居东边有一南北向胡同,叫“祁东胡同”。胡同南口连接张家大院胡同和达摩庵前胡同,北口开在西门内大街上,胡同西侧与达摩庵东胡同相连,东侧与顺荣胡同相连。此胡同原名“丁家胡同”,在《津门保甲图说》的旧城地图中就有标示。据记载,清道光年间,有在钞关负责税收的丁姓官员居住于此,遂得名“丁家胡同”。1983年地名普查时,因重名,遂更名为“祁东胡同”。胡同长约176米,宽约2米,路两侧都是青砖瓦房的小院。门牌8号院曾是先进塑料厂,主要生产棋牌产品。

·祁东胡同(王鹏 摄影)

别看这祁东胡同不起眼,却出过不少名人。天津著名教育家、社会活动家马千里先生的旧居即坐落在此胡同中,门牌14号。该建筑坐西朝东,是面阔三间的青瓦硬山顶式传统建筑。清光绪戊戌科的进士王仁安,晚年退职返乡,就居住于祁东胡同。王仁安先生曾参加津门诗社和崇化学会的活动,还曾主编《天津新志·政俗沿革》,可惜书成后未及出版,先生便因病去世了。1938年,经其夫人多方努力,方以其遗稿为基础出版了《天津政俗沿革记》。

值得一提的是，祁东胡同北头西侧，门牌2号和4号两个院，是天津著名民族实业家范竹斋旧居的东跨院和后花园，其旧居正门开在西门内大街，拆迁前门牌是西门内大街97号和99号。范竹斋旧居整体分三部分，正门是一座高大倒座门，进门后是影壁，其后有箭道。西路三进院落，靠后有二层小楼，设有佛堂。中路是三进四合院，依次是客厅、正房和祠堂。东路就是后来将门开在祁东胡同的北花厅、南花厅和后花园。拆迁前，范竹斋故居只有北面两个临街院落还算宽敞明亮，正房、厢房全部用朱漆粉刷，其木质门窗、砖雕博风板均保存完好，但地震后，部分青砖墙体松动，修缮时限于条件改为红砖。

祁东胡同与板桥胡同之间有两条平行胡同。靠北的是杨春胡同，为东西向，约54米长，其西头宽近3米，东头因新建红砖平房，使得胡同窄了一半。早年杨春胡同南侧全是平房院落，北侧是后建的宿舍。此地原是丁家胡同（祁东胡同）东侧的狭长空地，清同治年间逐步建房形成里巷，因为此地坐落着富商杨某的大四合院，人们就俗称此地“杨家胡同”。1983年地名普查时，因为重名，取“杨柳沐春风”之意，更名为“杨春胡同”。20世纪70年代末，该胡同铺设了柏油路面。

· 杨春胡同（王鹏　摄影）

顺荣胡同与杨春胡同平行，胡同中间有一折

弯。该胡同全长约 55 米，宽约 3 米。此地在清光绪年间陆续有人家建房居住，本无地名，据传 1927 年有绰号“大树王”的资本家在此建房居住，人们就俗称此地为“王家胡同”。1983 年地名普查时，因重名，取“顺利、荣耀”的之意，更名为“顺荣胡同”。拆迁前，顺荣胡同西口南侧是一座青砖大院，规模很大，占了胡同长度的一半，院墙有 5 米多高，磨砖对缝，最精致的就是院墙转角处作抹角处理，并装饰以倒悬的塔尖式砖雕，既美观又安全。

· 顺荣胡同（王鹏　摄影）

七、张家大院云林里

达摩庵一带与南边碱台子一带的分界线叫“张家大院”，是一条东西向的弧形胡同。其北头是一东西向横胡同，一头通祁东胡同，一头通板桥胡同，中段出一岔口，向南再转向西，延伸 200 多米与广元胡同相交，沿途还与云林里、碱台子北胡同、达摩庵南胡同、嘉美

· 张家大院等里巷在天津老城里西南角片的位置

胡同、黎明巷相交，张家大院西头还有一支路通小马路。此胡同全长约 300 米，平均宽度 2 米。清光绪年间在胡同东头北侧有资本家张某居住的大宅院。后来，其周围陆续建起砖木平房，但附近居民仍习惯称此胡同为“张家大院”。拆迁前，该胡同中保留有不少清代传统四合院，尤以门牌 58 号院最为完整。此院虽不比大宅门豪华，但形制规整，院墙有 5 米多高，磨砖对缝，上有砖砌女儿墙，大门开在院子东南角，门前三级条石台阶，四方

· 张家大院居委会（王鹏　摄影）

门墩，进门迎面是东厢房山墙上的砖雕影壁，“文化大革命”时期，影壁上的砖雕全用白灰抹平了。院内正房五间，全都配用木雕格栅门窗。

·嘉美胡同（王鹏　摄影）

从地图上看，张家大院西头南侧有一胡同，形状像冲锋枪，名叫“嘉美胡同”。该胡同东起碱台子北胡同，西连张家大院，中间有两条不通行的支路。嘉美胡同全长约 153 米，但宽度不足 1 米，对面而来的两个人要侧过身才能通过。据记载，清同治年间，黄莹州在此地开设粪场一处。过去没有公共厕所，人们多在家用马桶方便，这就催生出一种清理粪便、刷洗马桶的职业，天津人俗称“磕灰”。粪车装满后，都要集中到粪场进行处理，一般用灰土覆盖，充分发酵后成为优质农家肥。早年此地位于西南角大水坑，周边没多少居民，故粪场选址于此。后来水坑填平，周围住户渐多，粪场有碍环境卫生，就迁到了城外，而附近居民仍习惯称此地为“黄家粪场胡同”。1982 年地名普查时，对不雅地名进行变更，取“人民生活美好”之意，更名为“嘉美胡同”。该胡同两侧多为简陋平房，路北侧留存少量清代青砖平房，南侧多为地震后搭盖的临建。

清同治年间有富商刘某在张家大院东首南侧建房居住，后其宅院旁陆续建房形成胡同，此地就被人们称为“刘家大院”。1981 年地名普查时，因重名，更名为“云林里”。云林里北起张家大院，东面通

·云林里（王鹏　摄影）

磨盘胡同，西面通碱台子北胡同，南头有两支路，其中一条支路至南不通行，另一条至南转东亦不通行。云林里全长约212米，宽约2.4米。

云林里中段东侧有一小巷，很短，只有约16米长，约2米宽，至东不通行。胡同两侧都是青砖平房，且有砖砌便道，拆迁前共有居民13户。这条小巷形成于清光绪年间，当时有王济农、王欣农兄弟二人在此建房居住，从兄弟二人的名字中各取一字，将小巷命名为“济欣里”。该胡同北侧有两座联排青砖大院，形制一样，不知是否就是兄弟二人的旧宅。

·济欣里（王鹏　摄影）

八、水坑东边碱台子

·碱台子胡同等里巷在天津老城里西南角片的位置

天津卫地势低洼多水坑，民间称高出低洼地的台地叫“台子”，往往以其上居住的大户人家的姓氏来命名，如“姜家台”“刘家台”等。早年，老城里西南角这片有一大水坑，坑东洼地中突起一处台地，因津门是退海之地，土质盐碱化，此台地土色发白，多起碱花，早在元代，就得名“碱台子”。清道光年间的《津门保甲图说》中，此地就标有“碱台”二字，可谓津门最早得名的台地。后期环绕碱台子逐步有民居建成，形成胡同，按方位命名为碱台子北、碱台子西、碱台子南。老城拆迁时，这一带房屋拆除后，可以看出地势明显高于

·碱台子胡同(王鹏　摄影)

四周。

碱台子这片的核心，是呈“H”形的碱台子胡同。清代初期，台地上陆续有人建房居住，形成碱台子胡同。该胡同北头连接碱台子北胡同，向南有两条支路与谢家水铺胡同相交，中段西侧连接碱台子西胡同，中段东侧通公所后胡同。胡同最宽处约 4 米，路边种植有白蜡树，四周都是砖木结构平房，胡同南部多是后建的红砖平房，胡同北头有几所早期青砖宅院。

碱台子北胡同，南起碱台子胡同，北行约 70 米与张家大院相交，中部西侧与嘉美胡同相连。该胡同宽约 3 米，路两侧都是砖木结构平房。

清代，碱台子西侧陆续建房形成胡同，按方位定名为“碱台子西胡同”。该胡同全长约 161 米，宽约 2 米。胡同北头和中段都有岔口与碱台子胡同相交，南头向西连接小马路。

·碱台子北胡同（王鹏　摄影）

碱台子南胡同地处旧城城墙根，旧城拆除后才形成空地，所以成巷最晚。大约在 1912 年，此地才陆续有人建房居住，因地处碱台子南侧而得名。胡同南起南马路，向北分东西两条支路，东侧支路向北再折向东连接明福胡同，西侧支路向西再折向北通谢家水铺胡同。碱台子南胡同全长约 190 米。

·碱台子南胡同（王鹏　摄影）

1903 年，天津城里开始有自来水供应，百姓不用再去河边挑水，城里陆续出现大量售卖生、熟水的水铺。1913 年，有乡民谢四开办水铺一家，其所在胡同遂得名“谢家水铺胡同”。该胡同东连公所前胡同，西通小马路，北侧与碱台子胡同两个支路相交，南侧通碱台子南胡同，全长约 106.4 米，宽近 3.5 米，路两侧建有砖木平房。新中国成立前，胡同中曾开办有私立小学一所，名叫“爱国小学”，1952 年并入十一区第六小学。

·谢家水铺胡同（王鹏　摄影）

·磨盘胡同（王鹏　摄影）

碱台子这片东侧自北向南分三小片，依次是磨盘胡同、公所一带和明福胡同。此地早年是碱台子旁边的空地，后陆续建房形成胡同，逐步成为连接板桥胡同和碱台子一带的交通要道。

云林里与板桥胡同之间有一片青砖平房民居，南、西、北三条巷子形成一个“C”形，这三条巷子统称“磨盘胡同”。其南、北两条支巷的东口均开在板桥胡同上。磨盘胡同西侧可通云林里，南面通公所前胡同。该胡同全长约105米。此地得名磨盘胡同的原因，一说是清光绪年间建房时，此地曾挖出巨大磨盘一个，遂得名；一说此片民居被胡同围成圆形，形似磨盘。拆迁前，此地仍余有大量清代砖木结构平房。

·公所前胡同（王鹏　摄影）

清朝末年，理教兴盛，理门聚会布道场所称为“公所”。大约清光绪年间，天津城里有公所多处，板桥胡同西侧就开设有一座“信心堂公所”，因地处城里，交通便利，为便于传教和扩大规模，遂由公所出面，募集资金，将公所前后地皮买下，建房出租，久之形成胡同。按方位，被称为“公所前胡同”和“公所后胡同”。公所前胡同，呈南北向，北口连接磨盘胡同，中段有一岔路向东通板桥胡同。20 世纪 70 年代末，胡同内铺设柏油路面后，胡同约有 2 米宽。公所前胡同南头向西再拐向北，就是公所后胡同，这是一条实胡同，至北不通行。胡同两侧全是青砖平房。

明福胡同，呈“F”形，胡同北口通公所前胡同，其两条东西向支巷的东口均开在板桥胡同上，胡同南口开在南马路上，胡同西侧与碱台子南胡同相连。胡同全长约 158 米。20 世纪 70 年代末，统一修整成近3 米宽的柏油路。此地民居多为青砖小院，如门牌14 号的院落，门口三级台阶，青石雕四方门墩较为精细，是浮雕的“狮子滚绣球”，拆迁后被保存在天津老城博物馆。此地砖木结构建筑大多建于清光绪年间，形制相似，1976 年地震后，部分损坏房屋用红砖重建。

·明福胡同（王鹏　摄影）

九、商户大宅照壁前

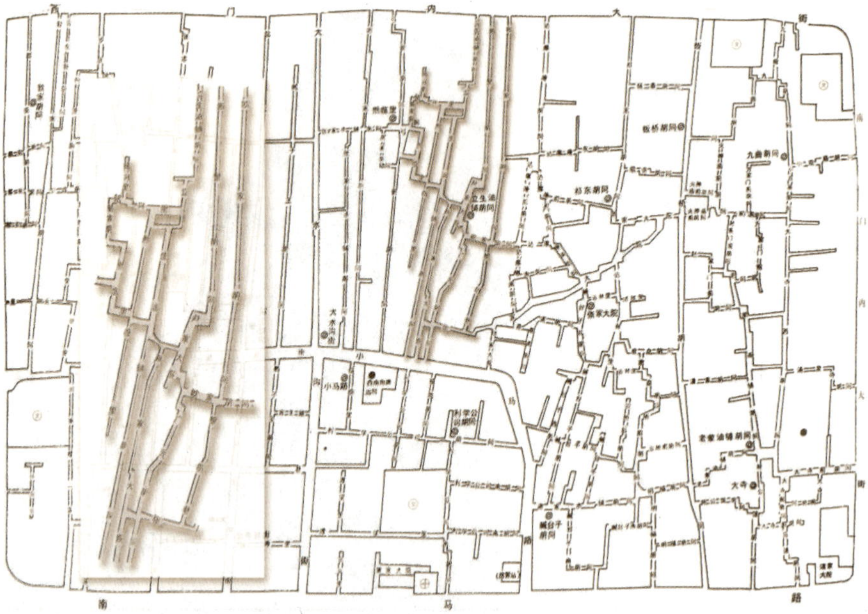

·立生油铺胡同等里巷在天津老城里西南角片的位置

大约在清道光年间，达摩庵西侧开始有居民建房，形成三条小胡同，早期都没有名字。到了光绪年间，偏东头的胡同内有欧姓大户建房居住，此胡同遂被称为“欧家胡同”，此胡同呈倒立的“T”字形，北口通西门内大街，南头通黎明巷，东接达摩庵前胡同，西接广元胡同和尹家大院。胡同全长约241米，宽约2.5米，20世纪70年代末铺设了柏油路面。胡同两侧全是砖木结构平房，1976年地震后，损坏房屋多用红砖重建。1925年，此地曾开办有私立四成小学校。

欧家胡同南头有一小巷子，只有约 75 米长，其南头与张家大院连接，两侧平房民居建于 1937 年。新中国成立后，1954 年，因其早年无名，取“破晓黎明”之意，命名为“黎明巷”。

·欧家胡同（王鹏　摄影）

这三条小胡同当中的一条叫“照壁胡同”。在清道光年间的《津门保甲图说》中标示此地为“同知署”，到了光绪年间，《天津城厢保甲全图》上标此地为“分府署”。大约在同治年间，此小胡同两侧扩建为青砖平房，南头延伸至尹家大院，因正对分府门前的影壁，故得名“照壁胡同”。拆迁前，胡同全长约 140 米，宽约 2 米。

·照壁胡同（王鹏　摄影）

尹家大院分东西两段，东段 30 多米长，北头通照壁胡同，至南不通行，中部出一岔口向西行 20 多米再转向南，就是西面一段，此段长约 80 米，其南头与小马路相交，东侧与张家大院相连。此地早年是通往西南角水坑的坑洼地，有人在此圈地养

·尹家大院（王鹏　摄影）

猪。清光绪年间，陆续有人在此购地建房，形成胡同，因为尹家是此胡同中的首户，故名“尹家大院”。胡同两侧多是青砖平房。

广元胡同原名“尹家胡同”，位于尹家大院东侧，全长约 132 米，宽约 2 米。1939 年，此地建成民居，形成里巷，因胡同深处通往尹家大院而得名。1984 年地名普查时，因重名，更名“广元胡同”。

咱转回头继续介绍那三条小胡同中最西边的一条。这胡同被称为“立生油铺胡同”，北起西门内大街，南至小马路，又与铭兴里、熙临里、尹家大院相交，全长约 300 米。该胡同形成于清同治年间，因有徐立生在此开设油铺，故得名“立生油铺胡同”。

·广元胡同（王鹏　摄影）

立生油铺胡同西边有一片民居，分南北两部分，北边叫“铭兴里”。清光绪年间，富商姚金铭购此地皮建房，取“兴旺”之意，将该胡同命名为“铭兴里”。胡同西连骆家胡同，东连立生油铺胡同，其北侧有一支巷至北不通行。铭兴里全长约70米。

铭兴里南侧一片叫“熙临里”，主干是平行的两条胡同，其西侧与弓箭胡同和骆家胡同相交，东侧与立生油铺胡同相交，胡同至南头不通行。熙临里总长约180米。此地主要路段形成于清同治年间，最早于此建房的大户名叫张义，胡同原名为“吉祥胡同”，1983年地名普查时，因重名，取“人群熙攘，宾客光临”之意，更名为“熙临里”。

·立生油铺胡同（王鹏　摄影）

骆家胡同，只有不到20米长，约2米宽，北通铭兴里，南头通弓箭胡同。大约在清光绪年间，城里骆姓大户的后代在此建房居住，遂得名“骆家胡同”。

·铭兴里（王鹏　摄影）

十、弓箭胡同邻水铺

·弓箭胡同等里巷在天津老城里西南角片的位置

弓箭胡同，北起西门内大街，南至小马路，全长约363米，很窄，只有约1.5米宽。胡同两侧多为四合院式平房。胡同中部与骆家胡同、房家胡同相交。早在清代，弓箭胡同北口开有一家制售弓箭的作坊门店，胡同由此得名。

清光绪年间，天津著名画家、植物学家陆辛农迁居到弓箭胡同居住多年，并在此创办了著名的“城西画社”，招收女弟子多名，培养了一批著名画家，同时创立“天津植物学会”，出版专业刊物《植物学杂志》。新中国成立后，陆先生被聘为天津文史馆馆员，著有《植物名汇》。

房家胡同大体呈字母“C”形，两头都与弓箭胡同相交，胡同长约 83 米，但只有约 1 米宽。清光绪年间，有富商房某在此购地建房，遂得名“房家胡同”。

谢家胡同，在道光年间的《津门保甲图说》中就标示有此地名。由于该胡同比邻大水沟，于是多被称为“大水沟谢家胡同”。此胡同北起西门内大街，南至小马路，全长约 295 米，宽约 2 米，中段与张家水铺胡同相交。清代早期，此胡同中有谢姓大户居住，遂得名。胡同两侧建筑全是砖木平房。民国时，胡同内曾有吕锦麟大夫开办的中医医馆一所，周边居民多在此就医。

· 弓箭胡同（王鹏　摄影）

· 房家胡同（王鹏　摄影）

20 世纪 70 年代，谢家胡同中居住着津门著名篆刻家蓝云先生。蓝云（1916—1992），字胜青，祖籍天津北郊，受其祖父影响，酷爱书法

·谢家胡同（王鹏　摄影）

篆刻，青年时代即以篆刻闻名于世。1942 年冬，齐白石老先生见到这位年轻的天津印人的印蜕时就颇为欣赏。蓝云先生成名后，曾为赵朴初、冯其庸、李可染等书画名家或文化名人治印。20 世纪 70 年代末，蓝云先生一家回归故里，就居住在谢家胡同的三间平房中。先生所居堂屋不足 10 平方米，兼做厨房。因先生形体清瘦，友人多以仙鹤戏称，故他将所居住的陋室命名为“栖鹤亭”。

张家水铺胡同大体呈“丁”字形，北头“一横”西通大水沟，东连房家胡同；“一竖”南通小马路，中段有一横岔，向西通往大水沟。胡同全长约 260 米，只有约 1 米宽。此地早年多是青砖平房，年久多经重建，尤其北头横胡同都改建为红砖平房，只有丁字交口东侧保留有一处老宅院。

·张家水铺胡同（王鹏　摄影）

十一、南大水沟小马路

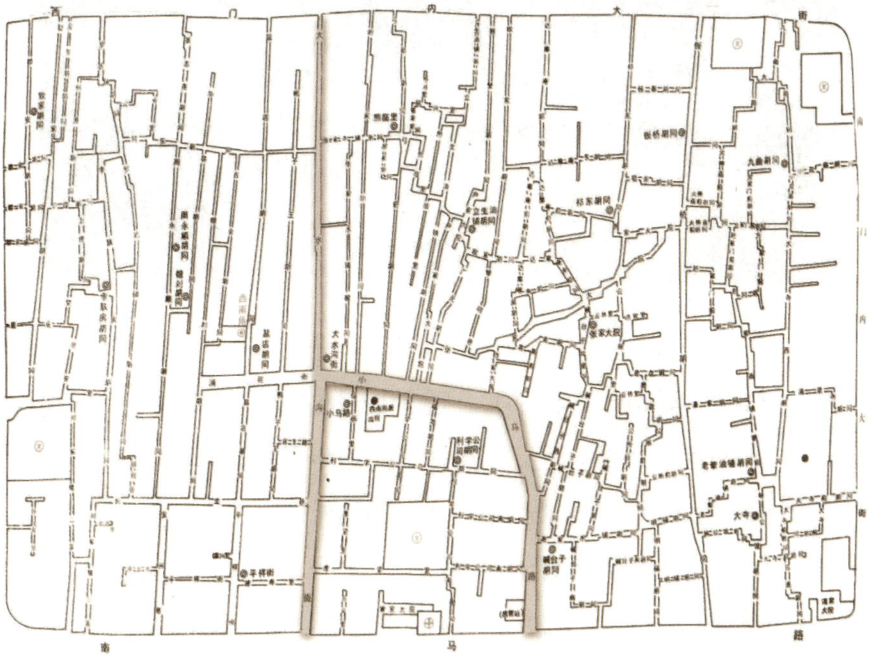

· 大水沟街等里巷在天津老城里西南角片的位置

天津旧城四角原有积存雨水、污水的水坑，大水沟便是早年间通向西南城角水坑的排水沟。大水沟位于西门内大街以北的部分较窄，叫“北大水沟”，过了西门内大街，渐宽，向南直通南马路，此段称“大水沟街”。最早，水沟是敞口的，清代改建为条石砌成的暗沟。直到 1901 年，天津城墙拆除后，旧城一带的沟渠被填平，此地修成道路，但仍以大水沟命名，此段加上北头的一段，总长 600 余米。旧城城墙拆除前，每个城角墙基下均有一处水门，西南城角的水门就位

·大水沟街（王鹏　摄影）

于大水沟街南口原城墙墙基下。近年城厢建设开挖基槽时，发现此处地下20余米均是黑灰色的淤泥，应是当年城角污水坑的遗迹。

大水沟街北起西门内大街，向南直达南马路，全长超过500米，道路宽阔，最宽处超过5米。因为是交通要道，这里早在1964年就铺设了柏油路面，1982年地名普查时定名为“大水沟街”。该路可通行小型机动车。

由于大水沟街道路宽阔，且与西门内大街相交，交通便利，此地曾开设有大水沟粮店，并有煤厂两座，周边居民日常生活用煤多来自此地。聚盛号煤厂，在大水沟街中段，掌柜叫贾春泰。德丰号煤厂，在大水沟街与西门内大街交口东侧，掌柜叫于德霖，该煤厂开办于1926年，其“德丰号”匾额是华世奎题写。据于家后人于万成回忆，1956年公私合营后，“德丰号”改名为“光明煤店”，而“德丰号”匾额被于家人保存多年后流失，幸运的是，2000年于家人偶然发现，煤店工人使用的铺板竟是匾额的残板，遂将其收回保存。2004年老城改造之时，于家后人将此珍贵匾额捐献给了南开区档案馆。

·大水沟粮店（王鹏　摄影）

小马路，1901年填平西南角水坑后，此处陆续建房形成里巷，沿早年间的坑沿形成弧形马路，称“小马路”。虽云“小”，但其规模可一点不小，全长约372米，宽5米多，南口开在南马路，自南口向北转向正西至大水沟街。小马路最初为土路，1978年铺设柏油路面。路两侧建筑多为平房院落，部分为二层居民楼。小马路上曾有羊毛衫厂、煤店、副食店、旅社等。老住户都记得小马路煤店，1956年开业，二十世纪七八十年代多次被评为模范单

·小马路副食品商店（王鹏　摄影）

·小马路（王鹏　摄影）

位、文明集体。早年间，小马路上开办有私立义存小学，新中国成立后，该校并入崇实小学。因为早年间南马路一带就形成了五金行业的商圈，2003 年老城改造开始后，南马路五金一条街被陆续拆除，后来利用南马路、小马路、大水沟街围成的区域修建了大片出租商户，命名为“南马路五金城”，现今已成为华北地区五金交电行业的一块招牌。虽然五金城已搬迁至黄河道西头的密云路一带，但仍保留了“南马路五金城”的金字招牌！

十二、利学福厚乐瞿家

老城里小马路以南，大水沟街以东这片，有两条主轴线，一是利

·利学公司胡同等里巷在天津老城里西南角片的位置

学公司胡同，一是厚望里。

利学公司胡同为东西向，东口通小马路南段，西口连大水沟街，南侧与利学公司南胡同相连，北侧与福临里、福地胡同相连。据记载，1917 年，于五、于六兄弟二人购置西南角坑沿荒地建房，并用“利学公司”名义出租，故此地里巷得名“利学公司胡同”。

·利学公司胡同（王鹏　摄影）

利学公司胡同北边有南北向小胡同两条，东边的叫“福地胡同”，西边的

·福地胡同（王鹏　摄影）

叫“福临里”，两条胡同都很短，只有50多米长。1912年，有三人共同集资购置此处东头地片，建房形成胡同，取“有福同享”之意，命名为“同福胡同”，1984年地名普查时，因重名，遂取“幸福之地”的意思，更名为“福地胡同”。该胡同西头临近水坑，地势低洼，民国初年有朱某填平坑洼，建房形成胡同，取名“福临里”，沿用至今。

厚望里，西起大水沟街，东至利学公司南胡同，其中部有一岔口，至北不通行。该胡同全长约186米。1918年，有一富商于此购地建房，形成里巷，并以其堂号将该胡同命名为“义厚里”，后因重名，取“有声望的忠厚人家”之意，将该胡同更名为“厚望里”。此胡同原为土路，1978年铺设柏油路面后可通行机动车。

·福临里（王鹏　摄影）

厚望里南侧还有两条实胡同，东边的叫“訾家大院”。这条胡同中间有两栋二层居民楼。1917年，有訾姓富商于此购地建房，形成里巷，人称“訾家大院”。新中国成立后，西侧同善胡同和“先锋楼”并入，仍用“訾家大院”之名。

位于訾家大院西边的胡同名叫“乐业里”，是一条长 30 多米的实胡同。此胡同形成于清光绪年间，初名“乐安里”，1983 年地名普查时，因重名，更名为“乐业里”。

十三、涌延街旁鸭子王

· 涌延街等里巷在天津老城里西南角片的位置

鸭子王胡同，为南北向，被何乐胡同、涌延街分为三段，其最北头至北不通行，南头通长生巷，其东侧与宫生路相交。胡同全长约

·鸭子王胡同（王鹏　摄影）

373米，平均宽度近3米。

天津人好吃，在吃上很讲究，甚至很多胡同以出名的小吃命名，如耳朵眼胡同、石头门槛胡同等。这里介绍一下老城里的鸭子王胡同。天津卫处九河下梢，又是退海之地，四周郊区有大片湖沼，每年冬天候鸟多经由天津南下越冬，其中野鸭种类繁多，有绿翅鸭、绿头鸭等。鸭子越冬前个体肥壮，被天津人称为“冬三珍”之一。相传，鸭子王胡同得名于早年间居住于此的一位专门制售卤煮野鸭的名人，此人姓王，排行老十，大家都叫他王十。王十善捕，用火枪打野鸭极准，后来留下一句俏皮话：“王十打鸭子——十有八九。”《津门纪略》：“鸭子王住西门里，有徒‘鸭子李’，以卤煮野鸭闻名。”说明胡同得名确实与卤煮野鸭有关。

·盐店胡同（王鹏　摄影）

盐店胡同，因巷口有大盐商李春城开设的瑞昌号盐店而得名。胡同全长约386米，约3米宽，北起西门内大街，南至长生巷，同样被何乐胡同、涌延街分为三段。胡同内多是砖木平房，也有几座青砖二层小楼坐落其间。

民国时期，盐店胡同内有西医诊所一家，大夫名叫田大文。旧时居民看病多相信中医大夫，所以城里西医诊所很少，盐店胡同这家是城里仅有的四家西医诊所之一。

·吉余胡同（王鹏　摄影）

盐店胡同再向西就是吉余胡同了。此胡同北起何乐胡同，南头拐向西，与帽刘胡同相交，在吉余胡同正中，有一条岔路也通帽刘胡同。该胡同形成于清光绪年间，有于姓大户居住于此，人称“于家胡同”，1983年地名普查时，因重名，取“吉庆有余”之意，更名为“吉余胡同”。胡同全长约150米，平均宽度不到2米，有的地方只有不到1米宽。

·帽刘胡同（王鹏　摄影）

吉余胡同西侧就是帽刘胡同。该胡同长约200米，其北口开在何乐胡同上，胡同东侧连接涌延街和吉余胡同，南口开在长生巷。清末，此地有一刘姓人家以制作官帽为业，故其所在胡同被命名为“帽刘胡同”。进入民国，清代官制服饰废除，但此地名仍然沿用下来。

·涌延街副食店（王鹏　摄影）

涌延街，东起大水沟街，南至帽刘胡同，中与盐店胡同、鸭子王胡同相交。清末，天津大盐商李善人家在此地开设涌延公司，经营房地产业务。此街为东西向，路两侧均为青砖平房，总长约108米。

过了涌延街向南，有一条小胡同连接鸭子王胡同和大水沟街，此胡同名为“宫生路”。早年此地因地处水坑边上，地面坑洼不平，遇雨天周边行人难以通行，后来有富商程宫生出资填平道路，两侧遂逐渐建起民居。众人为纪念程氏修路之善举，将此小巷命名为“宫生路”。该胡同长约32米，宽约2米，拆迁前共有居民25户。

十四、张志尧邻周永顺

帽刘胡同西边就是华容胡同，该胡同南、北两头不通，中部与何

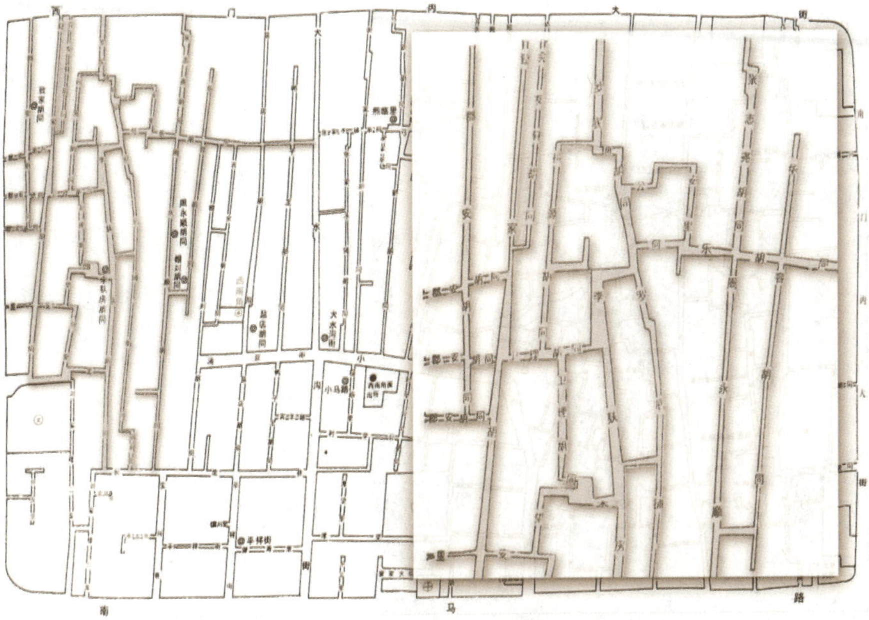

·张志尧胡同等里巷在天津老城里西南角片的位置

乐胡同相交，西侧有一支巷通周永顺胡同。华容胡同全长约180米。相传清代有孙姓人家在此建房，故称“孙家胡同”。1983年地名普查时，因重名，更名为“华容胡同”。甲骨文专家王襄先生早年居于此地，1900年之后才迁至东门里大刘胡同15号。

·华容胡同（王鹏　摄影）

张志尧胡同和周永顺胡同是两条以人名命名的胡同，一南一北，张

·张志尧胡同（王鹏　摄影）

志尧居北，周永顺居南。

张志尧胡同北起西门内大街，进北口有一小弯折，南口与何乐胡同相交，其交口对面就是周永顺胡同北口。张志尧胡同长度不足百米，宽三米左右。胡同两侧原是青砖平房，地震后拆除损毁建筑，盖起了二层红砖小楼。清道光年间的《津门保甲图说》中已标示出此地名称。据说曾有富商张志尧、张志舜兄弟居住于此，兄长志尧考取功名，兄弟志舜以养猪为业，发家后在此建房形成里巷，并以其兄姓名为胡同命名。清末，此胡同中曾开办有民立三十一初等小学堂，1937 年停办。

周永顺胡同，全长约 296 米，宽约 2.6 米，两侧均为青砖平房。1954 年，南头福利巷一条并入，统称周永顺胡同。胡同中段东侧有支巷通帽刘胡同，南段有一条支巷，向西不通行。此地在清光绪年间才建房形成胡同，胡同内早年开设有米面铺，掌柜名叫周永顺，故此胡同得名“周永顺胡同”。据老人们回忆，旧时此地最出名的就是周永顺制作的面食火烧，外酥里嫩，配上明顺斋的酱牛肉，那叫一绝。1935 年，周永顺胡同内曾开办有私立复兴小学，校址是周永顺胡同 38 号。1956 年，学校更名为“长生巷小学”，同年因整合教育资源，并入南门西小学。

罗底铺胡同，北起西门内大街，南通福利巷，全长 300 多米，路两侧全是青砖平房。此处民居最早建于清康熙年间，乾隆年间逐渐形成规模。因胡同北口有美庆成罗底铺（罗底，即罗底布，筛面时所用），遂得名“罗底铺胡同”。美庆成罗底铺的东家叫郑宜昌。郑家世居于此，以编制罗底为生。

· 罗底铺胡同（王鹏　摄影）

福利巷，早年名“福利巷二条”。20 世纪 50 年代，其东侧福利巷一条胡同并入周永顺胡同，“二条”二字就被取消了。该胡同长约 30 米，宽约 2 米。1937 年，一个叫王文庆的

· 福利巷（王鹏　摄影）

·公安里（王鹏　摄影）

富商于此购地建房，形成胡同，取名叫“福利巷”。

罗底铺胡同北头弯折处东侧有一小胡同，叫“公安里”，其南面与何乐胡同相交，全长约 74 米，很窄。此处原是西门里基督教堂后小巷，早年俗称“教堂后”，1936 年设立局所后改名“公安里”。

李麸房胡同，北头折向东，通罗底铺胡同，其北段有两个支巷，西侧支巷通卫理胡同，东侧支巷通罗底铺胡同，其中段西侧与望安里相交，南头通长生巷，全长近 300 米。民国初年，此胡同上开有磨房，掌柜姓李，除磨面外还出售剩余的麸子，故将此胡同命名为“李麸房胡同”。

·李麸房胡同（王鹏　摄影）

大约在清乾隆年间，天津卫每逢年节必有舞狮、踩高跷等民间花会，当时尤以旧县署前孙阴阳胡同北口的“混元盒”高跷会最为著名。旧城拆迁前，李麸房胡同 40 号居住着李世伟老先生。李先生兄弟二人是“混元盒”

高跷会的老艺人，其祖上在城里开“杠房”，在“混元盒”高跷会中扮演“樵夫”，传至兄弟二人已是第五代。他二人踩起高跷，表演得活灵活现，遂得“活樵夫”的雅号。

· 桃源胡同（王鹏　摄影）

桃源胡同，其北头拐向东通罗底铺胡同，中部有向东的支巷，该支巷为实胡同，南头通卫理胡同。桃源胡同全长约135米，不到2米宽。据记载，此处原是一个小水坑，清同治年间有韩姓大户填平水坑，并于此建房形成胡同，所以此处最早叫“韩家胡同”，1983年地名普查时，因重名，改为“桃源胡同”。

· 卫理胡同（王鹏　摄影）

卫理胡同呈“T”字形，其东口通李蔌房胡同，西口通致家胡同，南至望安里。全长约86米，宽约3米。早年间此胡同叫“秦家胡同”。清光绪年间，秦某在此设立茅厕一所，后拆除茅厕，建房形成胡同，得名“秦家胡同”。直到拆迁前，胡同口仍保留有新中国成立初期的搪瓷路牌，隐约可见

·望安里（王鹏　摄影）

“秦家胡同”字样。1982 年，因重名，取“捍卫真理”之意，更名为“卫理胡同”。

望安里，此胡同支巷较多，其北口与卫理胡同相交，西口开在西马路上，北口开在李麸房胡同上，北部东西向支巷与致家胡同相交。望安里全长约 208 米，宽约 3 米。清光绪年间，有刘姓大户在此建房形成胡同，人称“刘家大院”。1983 年地名普查时，因重名，取“喜望平安”之意，更名“望安里”。

致家胡同，北起西门内大街，南至西南角中学墙外，自北向南依此与会友轩胡同、郡安胡同、卫理胡同、望安里相交。全长约 302 米，宽约 2 米。此地最早在清康熙年间就已形成胡同，因其南北笔直，人称“直胡同”。在清道光年间，此地被称为“郅家胡同”，1932 年才改名为“致家胡同”。拆迁前，胡同两侧保留有大量青砖四合院落。

·致家胡同（王鹏　摄影）

会友轩胡同，北口开在西门内大街上，其南头转向西与致家胡同相交。清光绪年间，此胡同北口东侧开设有一家茶社，名为“会友轩”，是一座二层青砖小楼。早年间茶社大多集中在侯家后一带，城里很少，所以会友轩茶社名列津门“十大茶园”之一。

·会友轩胡同（王鹏　摄影）

郡安胡同由一条南北向主路和三条东西向支巷组成。其主路北起西门内大街，三条支巷的东口均开在致家胡同上，西口则全开在西马路上。郡安胡同全长约 322 米，平均宽度不到 2 米。清道光年间，此地即形成里巷，后因巷内设有“郡安救火会”，故将此胡同称为郡安胡同。

十五、刘家楼旁多里巷

八国联军占领天津后，都统衙门下令拆除了天津旧城城墙，利用碎砖和渣土填平了西南城角的水坑，最早在此地建房形成的胡同

·刘家楼二条等里巷在天津老城里西南角片的位置

叫“长生巷”，取“长远永生”之意。此胡同东起大水沟街，北侧连接李麸房胡同、罗底铺胡同、周永顺胡同、帽刘胡同、盐店胡同、鸭子王胡同，南侧连接刘家楼、宝兴巷、平祥街。长生巷全长约170米，宽近4米。

平祥街，南起南马路，北至长生巷，宽近4米，胡同中部西侧有支巷通宝兴巷。1916年，此地陆续建成民居，形成胡同，因有吉姓商人在此开设祥记商号，遂称“吉祥胡同”，后因重名，更名为“平祥街”。胡同两侧均为平房建筑，1979年铺设了柏油路面，路两侧设有方砖便道。

健寿里，为东西向小胡同，连接平祥街与大水沟街，全长60多米。1912年，有王姓人家在此建房形成胡同，命名为“延寿里”，取“延年益寿”之意。1983年地名普查，因重名，取“健康长寿”之意，更名为“健寿里”。

平祥街西侧有一条很短的实胡同，长约18米。清末富商余某在此建房，巷口有匾额曰“厚德里”。1983 年地名普查，因重名，更名为“富川里”。

宝兴巷，南起南马路，北至长生巷，全长约 112 米，路两侧配有约 1 米宽的人行道。此地于 1913 年才陆续建成平房民居，有陈、隋两姓人家在此居住，后取隋家开办的“宝聚源”号的“宝”字和陈家铁厂字号中的“兴”字为此胡同命名。

宝兴巷中段西侧有一实胡同，全长约 91 米。因清末时此地有一座协承志染坊，大家便称此胡同为“承志里”。

西南角中学后边有两条平行胡同，因位于刘家楼后边，因而被命名为“刘家楼二条”和“刘家楼三条”。此地原先是城角水坑沿，民居形成较晚，大约在 1900 年左右。刘家楼二条较长，有近 200 米，南起南马路，北至望安里。刘家楼三条较短，有百余米，南起南马路，北至长生巷，其北段东侧有一小实胡同，名“宏达里”。

宏达里原名“兴仁里”。1913 年有陈姓人家在此地建房，形成小胡同，只有不到 20 米长。1981 年，因重名，改称“宏达里”。

西南城角有一片里巷，其中有几座二层青砖小楼。清宣统末年，有两人在此地开设大车店一所，后因经营不善倒闭。后其中一人病故，另一人遂利用此地皮改建成平房里巷，为纪念去世的好友，将该胡同命名为“怀友里”。怀友里北侧曾有一所学校，就是西南角中学。

后　记

我们怀着深深的老城情怀,历时三载,将浓浓的乡愁记录在此。

为了这套书,因共同的老城情缘而走到一起的七人团队利用双休日或晚餐后的时光,或全体、或部分、或走访、或研讨、或互相交换史料、或互相切磋,为准确地还原历史而达成共识。有时会因为新购到一本书、一张地图、一张老发票、一张老报纸、一张老照片而欣喜;有时会为一句话、一个提法而争辩商讨到子时;有时会因为睡眠中出现了灵感,立即起床奋笔疾书;有时已到深夜时分还在电话里、微信中探究真谛……所引用史料中对同一事件有不同记载或言之不详的内容,我们反复考证,力求精准;我们常常将已经写好的文章、已绘成的插图于研讨后推翻重写、重画。我们的目标只有一个——留住历史、留住乡愁。

今天我们将这套书倾情奉献给读者。

愿她慰藉老城邻友的思念;愿她能够传递到社会的方方面面,使乡情、乡音得以延续;愿她能够激发年轻人的老城情怀,将老城文化的精华薪火相传。

老城的老房子、老院落不见了,老城的老胡同消失了,但愿我们的文字、老照片和插画能够让读者记起那些曾经的时光。

在本书编写过程中我们得到了众多老城邻友、学者名人、名门后裔的大力帮助,在此一并致以诚挚的谢意!

由于我们的能力、阅历所限,有些内容还不尽完美,请您把尚需补充的内容，不吝赐教回馈给我们，这将是对我们工作莫大的肯定与支持。

最后，向长期理解、支持我们工作，为我们解除后顾之忧的家人们深表感谢！

老城忆看工作室

2016 年 6 月